KB182317

문학이 차린 밥상

문학이 차린 밥상

소설로 맛보는 음식 인문학 여행

정혜경 지음

뜨락

　　나는 소설책을 좋아한다. 어린 시절부터 가장 좋아했던 것이 바로 소설책이었고 지금도 그렇다. 소설은 나에게 가장 좋은 인생 선생님이었다. 그렇지만 영양학 선생으로 평생을 살았으니 소설 읽기는 단지 나에게 취미 정도로 여겨졌다. 그러다 어느 순간 소설은 나에게 다른 의미로 다가왔다. 인간의 삶을 가장 잘 드러내는 것이 소설이라고 하듯 소설 속에는 인생이, 철학이, 인간이 들어 있었다. 그리고 내가 늘 추구하는 음식 문화가 거기에 생생하게 있었다. 음식 책에서도 알려 주지 못한 우리 전통 음식이 세세하게 드러나 있었고, 이미 잊혔다고 여긴 우리 전통 음식이 소설 속에 녹아 있었다.

　　음식 문화는 문화 전체의 맥락에서 바라보아야 한다. 그리고 무엇보다 소설 속 음식 문화는 생활 문화의 부분으로 그리고 전체로 다루어진다. 여기에 바로 음식을 먹고 살아가는 인간이 등장한다. 특히 전통 향토 음식을 알고자 할 때 소설의 가치는 빛났다. 전통 한식의 정체성을 살펴보는 창작 소재로서 한국 문학 작품의 가치는 매우 컸다. 소설은 시대와 사회, 문화 속에서 인간의 삶이 가지고 있는 갈등 구조를 가장 잘 표현하고 있으며, 소설 속에는 배경이 되는 그 사회의 문화, 풍습, 역사 등이 녹아 있기 때문이다.

그래서 소설을 읽으면서 기쁨을 느꼈던 단계에서 한 걸음 앞으로 나갔다. 바로 소설을 텍스트 삼아 소설 속 음식을 공부하기 시작했다. 이 책은 이러한 나의 공부 결과물이다. 이 책에서 다루는 소설들은 내가 가장 좋아하는 소설이라고 해도 과언이 아니다. 오래전에는 이 소설들을 소설 자체로 읽었으나 이후 음식 문화의 정체성을 찾는 학문적인 대상이 되었다. 일종의 음식 문화 텍스트이자 콘텐츠가 된 것이다.

그동안 일부는 이미 연구 논문으로 학회지에 발표한 것도 있다. 나의 소설에 대한 짝사랑이 빛을 발한 순간이다. 개인적으로 2022년에 정년 퇴임을 하자 이러한 연구 성과들을 묶어 사람들과 교감해 보고 싶은 욕구가 생겼다. 그러나 이를 실행에 옮기지는 못하고 있었다. 그런데 사회에서도 이러한 욕구들이 있었는지 출판사에서 나에게 문학 속의 음식 이야기를 쓰자는 제안을 해 왔다. 무엇을 망설이겠는가? 고마운 마음으로 집필에 임했지만 그다음은 대부분 작가들이 겪는 그대로이다. 논문을 쓸 때보다 더 어려웠고, 심지어 퇴임 후 놀고 싶어 책상에 앉기도 싫었다. 그래도 나의 평생 업인 한식을 떠날 수 없어 느리게나마 그간의 글들을 정리하고 거기에 내 생각을 보태는 작업을 느리게, 느리게 하여 이렇게 책으로 엮게 되었다. 생각해 보면 감사하고 또 감사한 일이다.

이 책은 다음과 같이 구성된다. 무엇보다 이 책은 문학 작품 속 음식을 통해 역사, 문화, 시대상을 이야기하는 음식과 이야기가 있는 음식 인문학을 지향한다는 점을 밝히고 시작한다.

1장은 최명희의《혼불》소설을 다룬다. 이 소설을 관통하는 주제는 바로 '혼魂'이다. 전라도 음식에 담긴 우리의 혼을 살펴보고, 전라도의 일상 음식, 세시 음식 그리고 통과 의례 속 음식 이야기를 다룬다. 특히 우리나라는 탄생, 성년, 결혼, 사망 등 삶의 중요한 시점에 소망이나 염원을 담은 상징성이 부여된 통과 의례를 지내 왔다.《혼불》에서 통과 의례 속 음식을 통해 한국인의 생활 방식, 인생관을 더 잘 살펴볼 수 있다.

2장은 박완서의《미망》소설을 통해 잊힌 개성 음식을 이야기한다.《미망》의 배경이 되는 개성은 과거 고려의 수도이자 조선 시대의 중요한 상업 도시였다. 분단된 현실에 잊힌 개성 음식 문화를 살펴보고 당시의 가치관이나 생활 등을 통해 개성 음식을 이 시대에 다시 불러낸다. 이는 개성 음식을 알지 못하는 한국 젊은이들에게 고려 시대 주역인 개성 음식의 '아름다움美'을 알리는 중요한 작업이 될 것이다.

다음으로는 박경리의《토지》소설을 3장과 4장에서 나누어 다룬다. 3장에서는 경상도, 특히 경상남도 향토 음식 문화의 '향鄕'을 세세히 다루고 있다.《토지》는 구한말1897년부터 해방1945년까지를 총 5부로 나눠 다루고 있으며, 소설 서술 시점을 따라가면서 음식 변천을 살펴보고자 한다.《토지》는 20세기 초 경상남도 향토 음식 문화 특성을 잘 보여 주는데, 특히 전 5부에 걸친 이야기를 통해 시대별 변천까지 살펴볼 수 있다. 소설《토지》속 음식 이야기는 살아 있는 한국 전통 음식의 과거와 근대화 과정 역사 그 자체다.

4장에서는《토지》를 통해 개화기부터 일제 강점기 시대의 음식 이야기를 살펴본다. 개화기-일제 강점기를 겪으며 근대화와 서구 문물이 우리 가치관과 식생활에 어떤 변화를 가져왔는지 음식 문화 전통의 지속과 변화를 살펴보고자 한다. 이 시기는 국권 수탈이라는 시대적 '한(恨)'이 서려 있다. 또한 근대화 과정에서 오랫동안 유지해 오던 전통적 삶의 방식이 소멸하거나 다양한 양상으로 바뀐 시기이기도 하다. 특히 삶의 근간인 식생활은 이전 시기와 비교가 되지 않을 정도로 많은 변화가 있었다. 이를 통해 절대적으로 연구가 부족한 일제 강점기 음식 문화를 생생하게 볼 수 있다.

5장은 근대와 모던의 상징인 심훈과 이상의 작품을 다룬다. 심훈과 이상은 같은 근대를 살아간 작가임에도 그들이 다루는 세계는 정'반대(反)'다. 이상은 근대 물결 속에서 커피를 즐기고 양과자를 즐겼지만 끝내 한식을 잊지 못했다. 이렇듯 한식을 향한 애틋한 그의 마음을《어리석은 석반》에서 살펴보고, 근대 음식과 전통 음식이 공존하는 밥상을 이야기해 보고자 한다. 반면 농촌 계몽주의자였던 심훈은 자연을 담은 음식을 사랑했다. 이는《상록수》밥상으로 재현되어 채식이 음식 이념이 된 이 시대에 많은 시사점을 남긴다.

6장은 민중 음식 문화에 방점을 둔다. 한국 음식 문화는 궁중 음식, 반가 음식 등 가진 자의 음식 문화에 주로 집중해 왔다. 그동안 주목받지 못했던 민중 음식 문화 단초를 판소리 창본인《춘향가》,《심청가》,《흥보가》,《수궁가》,《적벽가》에서 찾아보고, 그 시대 삶을 읽어 내는 민중 음식의 '정情'을 이야기한다. 판소리 창본은 지금까지도 많이 읽히고 연행되는 이야기이자 소설이다. 근대 소설 범주에는 들어가지 않지만 근대를 읽어 낼 수 있는 문학이다. 그리고 무엇보다 가장 방대하고 다양한 음식 이야기가 등장한다.

이 책은 인문학이 다루어야 할 중요한 주제 중 하나가 바로 음식이라는 생각에서 썼다. 우리가 만나는 소설은 대부분 인간을 다루고, 그 속에는 음식이 등장할 수밖에 없다. 음식이 인문학적 주제일 수밖에 없는 이유다. 사실 이 책을 다 끝내 놓고 보니 다소 딱딱하게 느껴진다. 그러나 음식을 사랑하는 분들과 연구하는 분, 특히 요리하는 셰프 분도 관심 가져 주길 바란다. 이 책을 통해 우리들의 삶이 그리고 음식이 더 풍요로워질 것으로 믿는다. 교양서로서 일반인들에게 우리 음식의 중요성을 알리고 확산시키는 데에 기여한다면 더 바랄 나위가 없겠다. 최근 인문학 위기 속에서 우리 음식이 가지는 인문학적 위상 또한 높일 수 있다고 본다.

이 책이 나오기까지 감사해야 할 분이 많다. 우선 영혼을 담은 대하소설을 집필하신 최명희 선생님, 박완서 선생님, 박경리 선생님 그리고 이상 선생님, 심훈 선생님이다. 이분들의 소설이 없었다면 나올 수 없는 책이다. 그리고 무엇보다 어려운 출판 현실에도 이 책의 주제를 정하고 이 책을 출판하자고 권유해 준 한국학술정보 출판사에도 감사의 마음을 전한다. 인내를 가지고 기다려 주신 데 대해 깊이 감사드린다.

요즈음 들려오는 출판계 소식은 우울하다. 이 책은 이러한 현실에서 제 역할을 해 주길 간절히 기원한다. 우리 문학의 콘텐츠 가치를 끌어올리고 궁극적으로는 우리 한식이 더 풍요로워지고, 또 세계 속에서 K-Food 위상을 더 높이는 데 기여하기 바란다. 무엇보다 우리 음식을 제대로 맛있게 잘 즐겼으면 하는 나의 바람까지 담아 세상에 내보낸다.

정혜경 씀.

문학과 음식

한식은 비상하고 있다. 현재 파리나 런던, 마드리드, 뉴욕 같은 미식의 도시에서 가장 핫한 음식이 바로 한식이다. 최근 K-Culture에서 시작된 한국 문화의 놀라운 기세와 그 영향력을 이어받을 다음 주자는 K-Food, 바로 한식이다. 놀랍게도 2023년 세계적인 미식 가이드인 미슐랭 미식 식당 발표에서 뉴욕의 9개 한식당이 미슐랭 별을 받는 일이 벌어졌다. 뉴욕에서 한식이 얼마나 새로운 음식으로 뜨고 있는가를 알려 주는 결과다. 그렇다면 새롭게 열리는 한식의 시대에 우리는 무엇을 해야 할까? 한식은 궁극적으로 한민족의 역사와 문화를 담은 정체성을 드러내는 이야기라고 할 수 있다. 그럼 한식에 상상력을 부여하는 콘텐츠는 어디에서 찾을 수 있을까?

한식에 담긴 이야기는 우리 민족의 역사나 문학 속에서 찾을 수 있다. 그렇다면 역사뿐만 아니라 소설, 시, 민화, 민요, 판소리 등과 같은 문학도 그 소재가 될 수 있다. 이러한 문학 속 한식은 문화 콘텐츠로도 개발될 수 있다는 말이다. 한식은 국내뿐만 아니라 국제 경쟁력을 높이는 문화 상품으로서의 가치를 지니기에 이를 재창조하려는 노력이 필요하다. 예를 들면 경제 성장과 더불어 문화 수출 사업 등으로 인한 한류 열풍이 만들어지면서 '한식은 건강식'이라는 이미지가 세계적으로 확산되었다. 이제 전 세계적으로 한식의 독특한 맛, 영양, 건강 기능성 및 다양성 등을 인정받고 있다. 그러나 최근 한식 붐을 바라보면서 드는 생각이 하나 있다. 바로 우리 한식에는 스토리텔링, 즉 이야기가 부족하다는 것이다.

과거에는 구전口傳만이 스토리를 전달할 수 있는 방법이었다. 그러나 오늘날에는 드라마, 연극, 영화, 그림, 만화, 게임, 애니메이션, SNS, 동화, 소설 등 다양한 매체를 통해 이야기가 전달된다. 일찍이 미래학자인 롤프 옌센Rolf Jensen은 꿈과 감성의 사회인 드림 소사이어티Dream Society에서 가장 중요한 것은 고유하고 진정한 이야기를 만들어 내는 것이며 미래 사회의 지도자는 능숙한 이야기꾼이 될 것이라 주장했다.▼ 이러한 예측은 미래 사회상이 아니라 이미 현재 진행형이다. 지금 우리는 '이야기'와 '감성'을 바탕으로 한 문화의 위력을 실감하고 있다. 21세기를 선도할 성장 동력은 '문화'이며 그중에서도 '스토리텔링'이라는 코드다.

한식의 맛과 영양가만으로는 세계 시장에 진출하는 데 한계가 있다. 꿈과 감성의 시대인 21세기를 살아가는 데 필요한 것은 우리나

▼ 롤프 옌센 지음, 서정환 옮김, 《드림 소사이어티》, 리드리드출판(한국능률협회), 2005.

라만이 갖고 있는 독특한 가치와 이야기를 찾아내는 것이다. 따라서 전통 음식의 고유한 이야기를 찾는 스토리텔링 작업이 필요하다는 생각을 그동안 해 왔다. 이러한 스토리텔링 작업 소재로 문학은 매우 중요한 매체다.

문학은 현실을 반영하고 재현하는 예술 장르다. 특히 일상을 영위하는 의식주 문화생활은 문학 작품과 밀접한 관계가 있다. 문학은 그 무엇보다 영향력이 크며 특히 문학 속에 나타난 음식은 다양한 의미를 가진다. 음식 문화는 계급을 드러내기도 하고 또 가난을 의미하는 서열과 배제를 나타내기도 한다. 예를 들어 1차적인 의미로 음식은 생명 유지와 생존에 필수적인 인간의 기본 욕구이며, 타액 나눔 밥상 공동체 의식으로서의 식구食口, 즉 가족으로 인정한다는 뜻을 담고 있다.▼▼ 또 고달픈 타향살이에서 어머니의 정성이 담긴 고향 음식은 다정함, 보살핌, 그리움을 내포한다. 음식은 그 자체의 의미보다는 사람들의 음식 생산과 소비 행위를 통해 어떤 의미를 생산하고 실천하는가를 규명하는 것으로 곧 권력, 지위, 정체성, 세계관 그리고 현재와 미래 삶에 대한 설명력, 역사 읽기 등과 관련이 있다.▼▼▼ 상징과 기호, 규범 체계를 지닌 문화에서 음식이 차지하는 의미는 매우 크고 이를 읽어 내는 것으로 문학이 가지는 영향력은 매우 크다.

한국인의 음식 문화를 살피기 위한 작업으로 한국 문학 작품의 가치에 주목했다. 문학의 스토리텔링이 과거에는 문학, 예술로서 심미

▼▼ 정혜경(2015). 한국 음식 문화의 의미와 표상. 아시아리뷰, 5(1), 114–115.
▼▼▼ 김광억(1994). 음식의 생산과 문화의 소비: 총론. 한국문화인류학, 26(1), 7.

적 기능을 했지만 최근에는 정보화 시대, 메타버스metabus 시대에 따라 경제적 이윤을 창출하는 새롭고 우수한 문화 자원으로 등장했기 때문이다. 스토리텔링은 일반적으로 이야기라 불리는 서사敍事를 기반으로 한다. 서사는 인간이 세계를 인식하는 방식이며 인간이 감정에 호소하는 의미 전달 구조다. 이야기는 과거에 머무르지 않는다. 오히려 이야기는 현대 사회에 더 필요하다. 이야기는 그 자체로 인간이 세계와 대면하여 형성해 가는 삶의 방식을 직접적으로 다룬다. 따라서 감성이 중요시되는 디지털 시대에 오히려 더 적절하다고 볼 수 있다.

또 한국의 음식 문화 연구가 진일보하기 위해서는 지금까지 이루어진 자연 과학 분야 연구의 토대 위에서 음식과 관련된 환경 및 문화 요소를 포함한 전체 맥락 연구가 덧붙여져야 한다. 이를 위해 식경류 외에 식문화 관련 정보를 담고 있는 새로운 텍스트를 꾸준히 찾아내고 기존 음식 연구 성과와 교차시키는 작업이 필요하다. 한국 문학은 이를 위한 중요한 텍스트다. 문학 특히 근현대 소설을 통해 한국의 음식 문화를 살펴보려는 것이 이 책의 주요한 목적이 될 것이다.

목차

박완서 《미망》: 그리운 그곳 잊힌 개성 음식 미(美)

4

박경리《토지》: 아픔이 서려 있는 일제 강점기 음식 한(恨)

최명희《혼불》

전통이 담긴 전라도 음식

〔 혼 〕

《혼불》은
어떤
소설인가?

한국 전통 음식의 혼이 이어져 내려오는 곳을 들라면 전라도다. 한때 한국 음식의 본향이라 불렸지만, 지금은 그 전통 음식이 사라지고 있어 안타깝다. 물론 전라도 음식 복원을 위한 노력이 지속적으로 이루어지고 있고, 전주는 유네스코 음식 창의 도시로도 지정되었다. 이러한 전라도 음식 원형을 문학을 통해 만날 수 있다. 바로 전라도 전통 음식 문화를 생생하게 보여 주는 소설 《혼불》이다.

길지 않은 생을 살았던 소설가 최명희(1947-1998)는 1980년부터 쓰기 시작한 《혼불》을 1996년에 완간하고 2년 후 병으로 생을 마감했다. 《혼불》은 17년 동안 원고지 12,000장, 전 10권(5부)으로 완간된 대하소설이다. 《혼불》은 일제 강점기인 1930-1940년대 전라북도 남원의 한 유서 깊은 가문 매안 이씨 문중 이야기다. 무너져 가는 종가(宗家)를 지키는 종부(宗婦) 3대와 이씨 문중의 땅을 부치며 살아가는 상민 마을 거멍굴 사람들의 삶을 그렸다. 1930년대 전라북도 남원의 몰락해 가는 한 양반가 3대 며느리 이야기를 통해 당시 힘겨웠던 삶의 모습과 정신세계가 드러난다.

무엇보다 《혼불》은 호남 지방의 세시풍속, 관혼상제, 노래, 음식 등을 생생한 우리 언어로 복원했다. 그래서 우리 풍속의 보고(寶庫)라는 평가를 받는다. 전통적인 가재도구, 의복, 풍습, 놀이, 신앙 등을 생생하게 다루며 서구 중심의 사고방식으로 사라져 가는 전통문화를 살려 내는 데 의미가 있다. 《혼불》은 일상 삶을 구현하는 민속 보고에서 나아가 민족 정체성을 드러낸다. 무엇보다 이 소설의 묘미는 디테일한 삶의 묘사에 있다. 특히 생활 민속사 중에서도 음식 문화를 잘 보여 준다. 예를 들어 장독대 항아리를 설명하는 부분, 혼례를 갓 치른 신랑 신부가 처음 맞는 밥상을 이야기하는 부분, 음식 만드는 손놀림을 세심하게 묘사하는 부분 등이다.

물론 여기에는 작가만의 언어 맛이 살아 있다. 아마도 우리 고유의 문화를 아끼고 간직하려는 애정 없이는 불가능할 것이다. 《혼불》은 삶의 구석 자리를 메웠던 이들의 가난한 삶의 흔적이다. 《혼불》은 역사라는 거대한 이념보다는 그 흐름 속에서 묵묵히 자신의 삶을 살아간 사람들의 혼을 보여 준다.

▼ 1장 전라도 음식 이야기는 《혼불》(최명희 지음, 매안 출판사, 2009)을 참고했다.

한국 음식의 본향
전라도 일상식

《혼불》을 통해 먼저 전라도 일상 음식을 만나 보자. 《혼불》에는 특별한 날 장만하여 먹는 음식이 많이 나오는데, 이 음식만 소개되어 있는 것은 아니다. 오히려 매안 이씨 종갓집에서 어르신과 지아비를 위한 음식 만드는 과정이 나오고, 거멍굴 천민들의 일상 밥상과 춘궁기 음식 그리고 항간에서 산후 조리로 구하여 먹는 민간 음식 풍속이 잘 드러나 있다. 《혼불》 속 일상 음식이 한국 음식을 대표한다고는 볼 수 없지만 소설 속 단면을 통하여 전통 일상 음식의 특성을 찾아보자.

정성이 담긴 일상 보양식 죽
옛 어른들이 하는 이야기에 반드시 등장하는 음식이 있다. 바로 '피죽'이다. 옛날에는 가뭄이 심해 벼농사를 망치면 먹을 것이 없어 피 이삭을 훑어서 죽을 끓여 먹었다. 그래서 힘이 없어 보이는 사람을 보면 "피죽도 한 그릇 못 얻어먹었냐?"라는 말이 나온 것이다. 그러나

어패류죽

죽처럼 고급스러운 음식도 없으며 죽만큼 손이 많이 가는 음식도 없다. 흔히 밥을 제대로 짓지 못해 엉망이 되었을 때 '죽을 쑨다'고 표현한다. 그러나 사실 죽은 정성이 많이 들어가야 제맛을 낼 수 있는 보양식이다.

《혼불》에는 조선 시대 명문가의 죽 만드는 풍습과 전통이 고스란히 재현되어 그 모습을 섬세하게 묘사하고 있다. 소설에는 죽 하나를 두고도 많은 이야기를 전한다. 실제로 밥은 아무나 해도 죽은 아무나 못 쑨다고 하면서 집안 가장인 이기채의 죽과 미음만은 언제나 딸인 효의가 손수 준비한다. 건강한 사람도 밥에 질리면 때로 한 끼는 죽 먹는 것이 입맛에 도움이 된다. 일반적으로 양갓집에서는 자릿조반이라 하여 조반 대신 맛깔스러운 흰죽을 올리기도 하며, 초례를 갓 치른 신랑 신부가 첫날밤을 새우고 나면 이른 새벽에 잣죽이나 깨죽을 들여 넣어 주는 것이 관습이었다. 이뿐만 아니라 궁중에서도 초조반으로 죽을 아침 수라보다 먼저 내어 왔다. 아침 빈속에 먹는 죽은 곡기를 주어 부드럽고 매끄럽게 식욕을 일으키며 몸을 달래 주니 좋다는 것이다.

죽은 구황 음식이어서 흉년이 들고 기근이 심할 때 요긴했다. 한 줌 식량을 풀어서 한 솥 죽을 얻어 낼 수 있으니 주린 창자에 굶주림을 달래고 실낱같은 목숨을 이어 나가는 서럽고도 절실한 방편이었다. 또한 어린아이 이유식이며, 병을 앓고 있는 환자나 병후 회복 중인 허약한 사람에게 다시없는 음식이 바로 죽이었다. 특히 위가 실하지 못한 환자들은 질기고 된 음식을 소화하기 어려운데 이때 죽만 한 것이 없다. 때로는 상을 당해 밥 한술 넘기지 못할 만큼 슬픔에 지친 이웃에게 죽을 쑤어 보내기도 했다. 죽은 일반적으로 생각하는 것보다 종류가 다양하며 건강에도 좋다. 밥보다 적은 양의 곡물을 사용하지만 육류, 채소, 어패류, 해물 등 수반되는 재료에 따라 수많은 종류의 죽이 만들어진다.

《혼불》에 따르면 대갓집에서는 웃어른에게 드릴 죽은 찬모의 손에 맡기지 않고 부인이나 며느리, 딸이 직접 만드는 것이 관례였다고 한다. 이처럼 죽 쑤기의 특별한 비법은 쌀 씻는 과정에서도 나타난다. 흰죽 쑤는 쌀은 이남박보다 질그릇으로 만든 표면이 매끈한 옹배기가 좋다. 옹배기에 대고 쌀을 씻을 때는 손에 너무 힘을 줘서도 그렇다고 대강 씻어서도 안 된다. 연한 살을 부드럽게 오돌오돌 살아 있게 씻어 내야 한다. 또 제대로 쑨 흰죽은 고기보다 살로 간다고 하며 이렇게 차려 낸 흰죽의 맛 묘사도 수준급이다. 소설 속에서는 행자판 검자주 옻칠 소반에 정갈한 백자 대접 흰 달 같이 놓여 있으며, 다른 반찬 소용없고 간장 한 종지 앙징맞게 동무하여 따라온 것이면 충분하다고 한다. 또 이렇게 되면 벌써 마른 속에 입맛 돌게 하는데 간장 한 점 숟가락 끝에 찍어 흰죽 위에 떨구고 한술 뜨면 그 담백하고도 은근하며 다습하고도 순결한 기름기가 돈다고 표현한다. 이렇듯 입 안에 들면서 벌써 음식이라는 이질감 없이 살 속으로 편안히 스미는 것이 바로 흰죽이다.

이토록 정성이 필요한 죽 만들기 재료는 먹을 수 있는 것이라면 무엇이든 가능하다. 소설 속 주인공인 효원의 죽거리는 매우 다양하다. 검은깨, 흰깨, 호두, 은행, 대추, 밤, 잣 그리고 기침과 변비에 약으로 쓰는 살구 씨 속 알맹이^{행인 杏仁}를 곱게 갈아서 쌀가루를 섞어 쑤는 열매죽이 나온다. 청대콩, 누런 콩, 팥, 녹두를 삶아서 체에 내려 쌀을 넣고 쑤는 콩죽과 보리나 풋보리를 갈아서 쌀과 함께 쑤는 죽 그리고 생굴이나 전복, 홍합, 조개, 피문어, 붕어, 잉어를 푹 고아 쌀가루나 쌀을 넣고 끓이는 어패류 죽도 나온다. 백정 택주의 아낙 달금이네가 쇠고기 가루에 뽀얀 쌀가루를 넣은 고기죽을 매안으로 이고 오는 장면이 나오기도 하고, 꿩이나 닭죽도 등장한다. 이 외에도 율무 가루, 연뿌리 가루, 가시연밥 녹말, 칡 녹말 그리고 마 가루까지. 각종 열매를 갈아 만든 가루로 쑨 죽도 나온다. 거기다가 특별히 인삼을 넣고 쑨 인삼죽에 도토리죽, 아욱죽, 호박죽, 콩나물죽 등 시절 따라 죽이 등장하고 있으니 과연 죽들의 향연이라고 할 만하다.

그러니까 눈에 보이는 것 중에 먹을 수 있는 것들은 무엇이든 가공하여 죽으로 쑬 수 있고, 그 죽은 시아버지 이기채의 부실한 위를 채우는 보약이었던 셈이다. 이처럼 실로 죽의 종류는 이 땅에 나는 모든 먹거리 종류만큼이나 다양하다. 다시 말해 어떤 식재료나 약간의 곡류만 있으면 언제든 죽을 만들 수 있다.

생명을 연장시킨 구황 식재료 쑥·송기·콩깻묵

소화를 돕는 보양식으로의 죽도 있지만 일반적으로 죽이란 밥을 먹을 수 없는 가난한 사람들의 구황식 정도로 여겨졌다. 소설에 보면 보릿고개 때 거멍굴 천민들이 먹었던 음식이 나온다. 구황식으로 도토리묵, 소나무 껍질 등 구할 수 있는 식재료에 약간의 곡물을 넣어 주린 배를 채울 수 있는 초라한 한 끼 음식이 전부다. 이 부실하기 짝이 없는 먹거리를 구하러 산과 들을 헤매는 사람들 모습을 서술한 구절

은 춘궁기라는 비참한 시절 속 조상들의 삶을 보여 준다.

《혼불》 속 이른 봄날 아지랑이 피어오르는 따뜻한 봄볕 아래에 댕기를 두른 처자와 계집아이들이 바구니에 쑥을 캐 담는 풍경은 일견 평화로운 한 폭의 풍경화 같다. 하지만 실상은 주리고 힘없는 몸으로 쑥이라도 캐어 부황으로 누렇게 뜬 가족들의 양식을 장만하는 삶의 현장이다. 봄날 들판의 낭만과는 전혀 관계없는 비참하고도 안쓰러운 광경이 아닐 수 없다. 모질게 캐어 온 쑥으로 만들 수 있는 음식은 다양했으나 쑥떡이나 쑥범벅조차도 호사로운 것이었음을 《혼불》은 보여 준다. 쑥조차도 마음껏 먹지 못하고 만약을 위해 비축해야 했던 시절의 기록을 통해 춘궁기의 비참함 정도를 가늠해 볼 수 있다.

쑥 못지않게 요긴한 식량으로는 송기가 있다. 임진왜란 때 조선에 소나무가 없었더라면 백성 대부분이 굶어 죽었을 것이라는 말도 있을 만큼 소나무는 당시 중요한 자원이자 식량이었다. 백성들이 자신의 껍질을 다 벗겨 가도록 말없이 내주었던 것이 조선의 소나무였다. 소나무 껍질을 벗겨 입 안에 넣을 수 있는 음식으로 만드는 과정은 극한의 굶주림 상태가 어떤 것인지를 보여 준다. 그러나 그것만 해도 호사인 셈이었다. 기름을 짜내고 남은 찌꺼기로 동물 사료나 비료로 사용되던 콩깻묵이 인간의 음식으로 변하는 것이 춘궁기였다. 먹거리를 찾아 헤매던 시절에 대한 기록은 인간의 역사는 곧 음식의 역사임을 극명하게 보여 주는 대목이다.

산후 보양식 가물치 고음

흔히 산후 허약해진 몸조리에 가장 좋은 음식이 펄펄 살아 뛰는 가물치 한 마리를 푹 곤 것이라고 한다. 이 가물치 이야기가 소설 속에 등장하는데 가물치 힘의 원천을 설화적으로 그리고 있다는 점에서 흥미를 끈다. 예로부터 바닷가가 아닌 지역에서 물고기와 여타 해산물을 먹는 것은 참으로 드문 일이었다. 평민들이 생선 맛을 볼 수 있었던 때는 여름 가뭄에 냇가나 저수지에서 잡았던 민물고기가 전부였다. 가뭄으로 냇가에 물이 줄어들면 남자들은 첫새벽 동이 트기도 전에 옹배기나 양철 대야, 물동이를 하나씩 옆구리에다 끼고 산 밑에 저수지로 달려갔을 테다.

《혼불》소설 속에서 아이를 가져 늘 허기를 느끼던 평순네는 가물치 한 마리를 고아 먹는 것이 소원이었다. 평순네는 연년생으로 자식 여섯을 낳는 동안 단 한 번도 가물치를 먹어 보지 못했다. 춘궁기에다 일제 공출로 일상 음식조차 제대로 준비할 수 없었던 평민에게는 가물치는 고사하고 풀뿌리를 삶아 먹을망정 굶지만 않는다면 하늘에 감사할 일이었다. 그리고 평순네가 가물치를 소원하는 데는 다 그만한 이유가 있었는데, 가물치는 승천하는 영험한 물고기로 원기와 보양의 대명사였기 때문이다. 여기에는 가물치와 관련된 민간 속설이 한몫하고 있다. 속설에 따르면 가물치는 영험한 물속에서 뱀과 흘레하여 새끼를 낳는다고 하며, 나무에 기어 올라가 그 가지 끝에서 제 무게를 이기지 못하고 퉁퉁 떨어지는 신묘한 물고기라고 했다. 깊은 밤 정적 속에서 장단 맞추는 소리처럼 쿵쿵 울리는 난데없는 소리가 바로 가물치가 승천하는 소리라고 한다.

콩나물국

천혜의 물맛이 낳은 콩나물과 청포묵

비빔밥으로 유명한 전주는 비옥한 토지와 맑은 물 덕분에 다양한 식재료의 산지로 알려져 있다. 이 중 빼놓을 수 없는 것이 콩나물이다.《혼불》저자는 전주 콩나물의 특별한 맛을 천혜의 자연조건에서 찾고 있다. 전주의 물맛은 여느 지역과는 다른 예사로운 맛을 지니고 있다는 것이다. 저자는 이를 두고 어찌 한낱 물의 작용이며 콩나물의 성분만이겠는가. 이미 왕재王才를 품음직한 모태 지당으로 만복이 우러나는 복지福池가 아니고서는 이만한 물과 음식을 낼 수 없으리라며 이 모든 것을 전주에 내려진 천혜의 축복으로 돌리고 있다.

이 때문에 전주의 각종 요리에는 콩나물이 어김없이 들어간다. 이 콩나물로 만든 전주 콩나물국밥은 이제 전국 어디서든 먹을 수 있는 음식이자 선호도 높은 으뜸 해장국이다. 콩나물이 해장국으로 좋은 이유는 아미노산의 일종인 아스파라긴산이 함유되어 있기 때문이다. 아스파라긴산은 알코올 탈수소 효소 활성을 증가시켜 주며, 혈중 알코올 농도를 낮춰 주는 역할을 한다. 허준의《동의보감東醫寶鑑》에도 "콩나물은 온몸이 무겁고 저리거나 근육과 뼈가 아플 때 좋고, 제반 염증 소견을 억제하고 수분 대사를 촉진하며 위의 울혈을 제거하는 효과가 뛰어나다"라고 기록되어 있다. 또 현대 의학에서는 단백질, 탄수화물, 식물성 스테롤, 올리고당, 섬유소, 아스파트산 등 여러 가지 영양소와 콩에 없는 비타민 C도 콩나물에 들어 있음이 밝혀졌다.

이렇듯 전주의 물은 특별해서 콩나물뿐 아니라 전주 물로 빚은 청포묵에도 신비한 조화가 일어난다고 소설에 나온다. 특히 오목대 아래 자만동의 물로 녹두묵을 만들면 먹기조차 아까우리만치 아름다운 노란빛을 띠게 된다. 청포묵은 녹두를 재료로 하여 만드는데 일반적으로 반투명의 흰빛을 지니고 있지만 치자를 사용하여 노란색으로 물을 들이기도 한다. 하지만 전주의 청포묵은 인공적으로 색채를 가미하지 않아도 노란색을 띠게 되는데 그 원인이 전주의 물 때문이라는 것이다. 녹두를 재료로 하여 쑤어 낸 반투명의 희고 노란빛을 띠는 이 청포묵은 서민 음식이었음에도 예로부터 귀한 것으로 여겨져서 임금님의 수라상에도 올랐다. 특히 영조대왕이 신하들에게 화합을 강조하며 만들도록 한 탕평채의 주재료가 바로 청포묵이었음은 익히 알려져 있다.

음식의 기본이 되는 장

가을 추수가 끝나면 농가는 한 해의 농사를 마무리하면서 겨울날 준비로 먹거리를 장만하는데, 그 대표적인 것이 장※ 담그기다. 우리 음식 문화에서 장이란 모든 먹거리의 기반이 되기에 가난한 집안이라도 메주는 쑤지 않을 수가 없었다. 《혼불》은 이 장 담그는 날의 여인들 마음가짐과 장 담그는 법을 생동감 있게 표현한다. 부엌과 함께 일 년 내내 가족들의 음식 맛을 책임지는 장을 보관하는 장독대는 여성들이 가장 정성을 다해 보살펴야 하는 것 중 하나였다. 해마다 정월이면 집안의 태평을 기원하는 고사를 지내며 반드시 장독대에 올릴 시루는 따로 쪄서 떡을 시루째 올렸다. 동짓달 동짓날에는 팥죽을 쑤어 장독 주변에 뿌리고 또 한 그릇은 정하게 바쳐 가족의 건강과 안녕을 빌었다. 또 첫새벽 이른 시각의 푸른 미명에 가장 크고 높은 장독 뚜껑 위에다 정화수 한 대접을 떠 올려 바치는 등 장독대는 우리네 풍

청포묵무침

장독대

경에 빠지지 않고 등장한다.

이렇듯 장독대는 당연히 어느 집에나 있었으며, 사계절 햇볕이 잘 드는 뒷마당 한편에 놓여 눈에 잘 띄는 데다 매일 드나들기 때문에 그 모습 또한 단정하고도 아름다웠다. 맨드라미, 분꽃, 봉숭아 등 아름답고 소박한 꽃밭에 둘러싸인 장독대 풍경은 전통 한옥 마당에서 빠질 수 없는 풍경이다. 햇빛을 받아 짙은 갈색으로 반짝이는 장독들이 줄지어 놓여 있는 풍경은 정감 어린 색채 조합이자 영혼이 담긴 우리 삶의 단면이다.《혼불》은 이 장독대 모습을 아름답고 정갈한 언어로 재현해 놓았다. 이 장독대의 정갈한 아름다움은 곧 가족들 먹거리를 장만해 건강을 보살피는 여인들의 고운 마음씨를 보여 준다. 그리고 이 행위는 정성이 음식 맛을 결정한다는 오랜 믿음의 표상이다.

전통 놀이 속
세시 풍속 음식

고대 사회에 우리 선조들은 풍요를 비는 원시 신앙으로서 하늘에 제사를 지내는 제천의식祭天儀式을 지냈다. 가을 추수 후에는 서양의 추수 감사제처럼 천신과 자연신에게 제사를 지낸 후 남녀노소 다 같이 어울려 즐거운 축제와 놀이를 했다. 이러한 놀이 풍습은 오랜 전통을 지니고 계승되어 오늘날의 다양한 민속놀이로 발전됐다. 그중에서는 이제 소멸되어 더 이상 행해지지 않는 놀이도 있고, 변형된 형식으로 발전되어 온 것도 있다.

요한 호이징가Johan Huizinga는 놀이 즐기는 것을 인간의 본질적 속성 가운데 하나로 보고 그의 저서 《호모 루덴스Homo Ludens》에서 새로운 '놀이하는 인간'을 제시했다. 호이징가는 놀이가 문화 창조 기능을 가진다며 문화 현상으로서의 놀이 본질과 의미를 규명하고자 했다. 그는 인간의 놀이적 본성, 즉 유희적 본성이 가장 잘 나타난 것이 축제라고 보았다.[*] 문명 발달이 본래적인 놀이의 본질을 변질시킨다고 호이징가가 지적했듯이 21세기와 함께 도래한 유비쿼터스 시대로 놀이 문화는 점점 더 개인적이고 폐쇄적으로 되어 가고 있다. 이제 폐쇄적인 놀이 문화를 고민하면서 놀이 본래의 의미를 회복하고자 《혼불》 속에 나와 있는 전통 놀이와 함께 즐겨 온 전통 음식 이야기를 해 보려고 한다.

봄의 향기 화전놀이와 꽃지짐

화전은 꽃지짐이라고도 불리며 계절감을 가장 잘 나타내는 독특하고 낭만적인 떡이다. 화전은 찹쌀가루 반죽을 기름에 지진 후 꽃을 붙여 모양을 내는데 삼월 삼짇날의 화전놀이에서 유래한다. 화전놀이는 옛 여성들의 봄 소풍이다. 전라도 지방의 민속과 전통을 세세하게 기록하고 있는 《혼불》에도 당시 행해졌던 화전놀이가 등장한다. 흥미 있는 사실은 이 화전놀이에서 요즘의 백일장과 같은 '화전가 짓기 대회'를 열었다는 점이다. "어화 우리 벗님네야 화전놀이 가자스라. 비단 같은 골짜기에 우리들도 꽃이 되어 별유천지 하루 놀음, 화전 말고 무엇 있소. 화전놀이 하러가세"라는 대목이 나온다. 저자는 이 여성 백일장에서 장원을 한 어느 부인의 화전가 전문을 수록하고 있다. 이를 통해 화전 만드는 법과 화전이 상징하고 있는 전통 여성의 애환까지도 생생하게 알 수 있다. 이렇게 삼월 삼짇날 열렸던 화전놀이는 단순한 여가나 놀이 차원을 넘어 마을의 공식적인 행사였으며, 그 준비

[*] 요한 하위징아 지음, 김윤수 옮김, 《호모 루덴스》, 까치, 2003.

화전

과정 역시 대갓집 혼례나 환갑잔치에 버금갔다. 화전놀이를 준비하기 위해 마님과 아씨는 물론 집안 여종들까지 총동원되어 아예 주방 기구를 야외로 옮겼다. 그렇기 때문에 이날은 마을의 모든 여성들이 부엌에서 벗어날 수 있는 공식적인 여성의 날이기도 했다. 가부장적 전통 질서에서 해방되어 온전히 여성만의 공간을 찾아 경개景槪 좋은 곳에 모여 화전을 부쳐 나누어 먹었던 이 날은 가히 '여성 해방의 날'이었다.

이날 여성들은 술도 마시고 마음껏 취할 수 있었으며 남성 못지않은 호기를 부릴 수도 있었다. 물론 여럿이 모여 앉아 화전을 만들며 쌓였던 온갖 시집살이의 서러움을 토해 내는 자리기도 했다. 그러니까 가부장적 전통 사회에서의 해방구가 바로 화전 놀이터였을 것이다. 예로부터 부엌과 음식 만드는 일은 여성의 몫으로 여겨졌다. 그런데 여성이 만든 음식 중 이처럼 음식의 아름다움을 통해서 여성성을 드러낸 음식이 있을까 싶다. 음식 자체도 아름답지만 화전 만드는 날, 만드는 장소, 만드는 분위기까지 화전은 특별한 미美를 드러내는 음식이다. 그래서 음력 3월 3일, 삼짇날이 유서 깊은 한국 '여성의 날'이었다고 생각한다.

일반적으로 가장 많이 알려진 화전은 역시 삼짇날 만들어 먹던 진달래화전일 것이다. 진달래는 한마디로 우리 민족의 꽃이다. 한국인에게 진달래는 영혼과 같은 꽃이다. 그러나 화전이 진달래꽃으로만 만들어지는 것은 아니었다. 우리 조상들은 봄에는 진달래꽃과 찔레꽃을, 여름에는 황장미꽃을, 가을에는 황국과 감국잎을 곱게 빚은 찹쌀전 위에 붙였다. 이외에도 식용 가능한 꽃잎을 상황에 따라 사용하여

화전을 만들었다. 장식된 꽃은 찹쌀의 하얗고 동그란 전과 어울려 정
갈하고 화려한 아름다움을 지닌 음식으로 탄생했다. 꽃이 아름다운
음식 자체로 변화되는 이 화전이야말로 한국의 음식 미학을 상징한
다. 들과 산에 아름답게 핀 꽃을 식탁에 올려놓은 화전은 우리 조상들
의 멋스러움과 여유로움에서 오는 너그러운 생활의 일면이다.

가을의 정취 단풍놀이와 국화주

화사한 봄을 맞은 기쁨으로 진달래꽃 따다가 화전을 부치며 화
전놀이를 하는 것처럼, 가을에는 단풍을 즐기며 국화주를 마시는 풍
습이 있었다. 국화주는 예로부터 궁중에서 신하가 임금에게 헌수할
때, 또 임금이 신하에게 하사할 때 쓰이는 축하주로 애용되었다. 국화
주를 빚는 방법은 여러 가지가 있다. 가장 간단한 방법으로는 국화가
만발했을 때 꽃을 따서 햇볕에 말렸다가 고운 보자기에 싸서 술 항아
리에 넣어 빚는 것이다. 혹은 고운 천에 싸서 손가락 한 개 깊이만큼
항아리에 매달아 밀봉한 뒤 하룻밤 재워서 보자기를 거두어 내는 방
법도 있는데, 그러면 국화 향기가 술에 가득히 감돈다고 한다. 또 술이
익기 직전 덧술에 국화꽃을 넣어 빚는 방법도 있고, 국화를 삶은 즙에
누룩을 섞어 빚기도 한다.

선비들은 가을 단풍을 즐기며 맑은 물가에 앉아 시를 짓는 시회
를 가지기도 하고, 기로회耆老會를 두어서 덕망이 높은 노인들을 모셔 술
과 음식을 대접하며 흥겨운 잔치를 베풀기도 했다. 시회를 열었던 날
은 달 밝은 한가위를 지나고 맞이하는 음력 9월 9일이었다. 음력 9월
9일은 단오와 마찬가지로 양수가 짝을 이룬다고 하여 중양절이라 했

국화주

으며, 이날에는 국화주를 마시는 풍습이 있었다.

　이 시회의 계절적 배경을 《혼불》에서는 지극히 서정적이고도 낭만적으로 그려 낸다. 아름다운 가을날 열린 시회에서 국화주를 마시며 자신의 학식과 기량을 마음껏 발휘했다고 서술한다. 소설에 따르면 이 시회는 조직적으로 운영되며 무단히 이 모임에 참석하지 않는 사람은 그 벌로 술 두 병, 닭 두 마리를 강회에 내야 했다고 한다. 이뿐만 아니라 이 모임의 회칙은 엄연히 문서로도 작성되어 전해져 내려왔다. 잘 조직된 모임인 만큼 회비 또한 각출했던 듯하다. 글에 의하면 시회를 열기 전 술 다섯 되, 쌀 다섯 되 그리고 고기 값으로 쌀 두 말씩 내어 준비했다고 하니, 당연히 술과 음식이 빠질 수 없었을 것이다.

삶을 관통하는
통과 의례 음식

　《혼불》의 시대적 배경은 일제 강점기다. 하지만 음식을 생산하고 소비하는 주인공들은 조선 시대를 살았던 사람들이며, 음식 문화의 강한 보수성과 음식을 생산하는 주체들은 앞선 세대의 영향을 받는다. 이런 사실로 미루어 보아《혼불》속 음식은 조선 시대 말부터 이어져 내려온 전통 음식 문화 특성을 잘 반영한다.

　어느 민족이든 탄생, 성년, 결혼, 사망 등 삶의 중요한 전환점에서 반드시 나름의 상징성이 부여된 통과 의례를 행해 왔다. 또한 모든 의식은 보편적인 목표 외에 각각 개별적인 목적을 가지고 있다.▼ 우리 민족 역시 태어나기 전부터 죽을 때까지 그리고 제사라는 방식을 통하여 죽음 이후까지 그 삶의 전환점을 기념하는 행사를 치렀다. 탄생, 생일, 혼인, 사망 등 각각의 통과 의례에 차려지는 음식은 모두 특별한

▼　A. 반 겐넵 지음, 전경수 옮김, 《통과의례》, 을유문화사, 1989.

상징성을 지니고 있다. 즉, 통과 의례 음식은 한국인의 전통적 우주관과 인생관, 염원을 담고 있다. 그리고 《혼불》은 이러한 전통을 놓치지 않고 세세하게 묘사하며 그 내면적 의미까지 잡아내고 있다.

무병장수를 기원하는 삼신상

삼신은 여러 가신家神 중에 생산과 출산을 맡은 삼신으로 집안에 새로 나는 어린 생명의 산육을 관장하여 돌본다. 따라서 아들 낳기를 바라거나 산모가 순산하기를 빌 때, 산모가 건강하게 빨리 회복되기를 기원할 때, 태어난 아이가 아무 탈 없이 잘 자라게 해 달라고 빌 때 반드시 이 할머니를 찾는다. 이때 삼신상에 올라가는 음식은 미역국과 흰쌀밥, 시루떡 그리고 정갈한 정화수다. 삼신상에는 삼신께 출산을 감사드리는 마음과 산모와 아이의 비호를 염원하는 의미가 담겨 있다.

미역은 여러 기록에서 한자 표기가 달라 혼란이 있긴 하지만 옛날부터 미역을 비롯한 해조류를 즐겨 먹었음은 여러 고문헌을 통하여 알 수 있다. 중국 문헌 《본초강목本草綱目》에서는 "고려의 곤포昆布를 쌀뜨물에 담가 짠맛을 빼고 국을 끓인다. 조밥이나 멥쌀밥과 함께 먹으면 매우 좋고, 기를 내리며 함께 먹으면 안 좋은 식품도 없다"라고 했다. 송대宋代의 고려를 다녀간 송나라 사신 서긍이 기록한 《선화봉사고려도경宣和奉使高麗圖經》에는 "가난한 백성은 해산물을 많이 먹는다. 미꾸라지鰌, 전복鰒, 조개蚌, 진주조개珠母, 왕새우蝦王, 문합文蛤, 붉은 게紫蟹, 굴蠣房, 거북이 다리龜脚, 해조海藻, 곤포昆布를 귀천 없이 잘 먹지만, 이 해산물은 구미를 돋우어 주나 냄새가 나고 비리며 맛이 짜다"라고 했다.

송나라 사신인 서긍은 고려인들이 해조류를 요리해 먹는 방식을 이해할 수 없었을 것이다.

　이렇듯 미역은 우리나라 모든 연안에서 자생해 왔고 또 양식도 가능했기에 오래전부터 즐겨 먹었으며, 지금까지도 산후 음식으로 빼놓지 않고 꼽힌다. 미역에는 현대적인 관점에서도 과학성이 숨어 있다. 미역은 알칼리성 식품으로 골격과 치아 형성에 관여하고, 자궁 수축과 지혈을 돕는 칼슘이 풍부하다. 또 요오드가 많이 함유되어 있어 모유 분비에 도움이 되고, 몸속에 쌓인 노폐물을 배출하고 피를 맑게 한다. 그리고 미역은 산후 음식뿐 아니라 생일날 음식으로도 관례화되었다. 어머니가 산후조리를 위해 먹었던 미역국을 생일날에 다시 먹으며 어머니가 겪은 출산의 고통을 되새기면서 그 사랑에 감사하게 되는 것이다. 이렇듯 한국인에게 미역국은 '탄생의 상징물'이자 '태어난 날'이다.

　지금도 산모들은 삼칠일[21일] 동안 미역국을 먹는데 산모가 먹을 미역국에는 금기 사항이 있다. 산모에게 먹일 미역은 값을 깎지 않으며 상인은 산모용 미역을 싸줄 때 꺾지 않고 새끼줄로 묶어 주는 풍습이 지금도 전해진다. 이는 미역 값을 깎으면 태어나는 아이의 수명이 줄고, 꺾어서 주면 산모가 난산을 한다는 속설이 있기 때문이다.▼ 산모의 출산이 가까워 오면 흰쌀과 미역을 준비해 두어 윗목에 삼신상을 차리고 삼신에게 순산하도록 빈다. 순산을 하면 바로 삼신상에 놓았던 쌀로 밥을 짓고 미역국을 끓여서 흰쌀밥 세 그릇, 미역국 세 그릇

▼　정혜경, 이정혜(1996), 《서울의 음식 문화─영양학과 인류학의 만남》, 서울학 교양총서 5, 48.

그리고 다시 길어 온 정화수 세 그릇을 함께 차려 순산했음을 감사하는 예를 올린다.

　미역국과 함께 삼신상에 올라간 쌀밥은 우리 민족에게 매우 특별한 음식이다. 우리의 근본이자 생명을 상징하는 쌀로 지은 흰쌀밥은 귀한 것이며 신에게 간절한 기원과 정성 담은 마음을 표현할 수 있는 귀중한 매개체다. 우리가 먹는 음식 차림을 밥상이라 하며, 밥을 먹기 위해 반찬을 먹는 것이며, 밥이 없는 부식들은 아무 의미가 없을 정도로 밥은 한국 음식의 핵심이다. 신에게 바치는 음식도 마찬가지다. 모든 통과 의례 음식에는 반드시 쌀로 지은 음식이 올라간다. 이렇듯 쌀은 신과의 연결을 위해 없어서는 안 될 귀중한 매개체다.

　미역국과 흰쌀밥 이외 삼신상에 중요한 음식은 떡이다. 형편에 따라 생략하기도 하지만 떡을 올릴 수 있는 상황이라면 시루떡을 쪄 올린다. 시루떡은 부정을 막고자 하는 주술적인 의미가 들어 있다. 또한 삼신상의 시루떡은 가족끼리 나누어 먹는다. 삼신 시루의 떡이 밖으로 나가면 아이의 복이 줄어든다는 믿음 때문이다.▼ 또 신에게 축복을 비는 행위는 음식뿐만 아니라 이른 새벽에 우물에서 길어 온 깨끗한 정화수로도 행해진다. 물은 생명을 유지하는 데 매우 중요한 구실을 하며, 예로부터 농본주의였던 우리 사회에서 곡물이 익는 데 반드시 필요한 것이었다. 따라서 물은 특별히 귀하고 아껴야 하는 것으로 인식되었고, 그중에서도 이른 새벽 우물에서 길어 온 물은 더욱 고귀한 것으로 여겨졌다. 이로써 산모와 아이의 무병장수를 기원하는

▼　국립문화재연구소 지음, 《경상남도 세시풍속》, 2002, 219–985쪽.

마음과 정성을 깨끗한 정화수에 담아 천지신명께 간절히 기원했음을
알 수 있다.

다복을 축원하는 첫돌상

출산 후 삼칠일은 산모를 보호하는 데 진력하는 시기다. 그리고
백일은 신생아가 건강하게 자라고 있음을 축하하는 날로 친척과 온
동네가 큰 잔치를 베풀어 그 기쁨을 나누고 자축한다. '백'이라는 숫자
는 완성된 수의 한 극점이며 완성의 일단락을 표상하는 것이므로 '백
일'에는 신생아가 백일을 기점으로 큰 고개를 잘 넘었다는 것을 기념
하고 축복하기 위한 의미가 담겨 있다.▼▼ 이날의 축하연을 위해 준비
한 음식상을 백일상이라고 하는데 여기에는 반드시 백설기를 올리는
풍습이 있다. 백설기를 '흰무리'라고도 부르는데 흰색의 신성함은 음
식에도 그대로 나타난다. 이는 백설기를 만들어 아이의 일생이 평안
하기를 비는 마음을 담아 잡귀를 물리친다는 사고가 반영되어 있다.

무사히 백일이 지난 아이는 태어난 지 1년이 되는 날에 첫돌을
맞는다. 전통적으로 아이의 첫돌을 축하하는 음식으로는 흰밥, 미역
국, 푸른 나물, 붉은팥을 묻힌 수수경단, 오색 송편 그리고 백설기를
준비한다. 아이의 첫돌상에도 백설기는 어김없이 오른다. 백설기라는
이름이 처음 등장한 것은 《규합총서閨閤叢書》인데 "빗치 빅셜궃고 즈윤
ᄒ고 극열의 날포 두어도 샹치 아니 ᄒᄂ니라"빛이 흰 눈과 같이 윤이 나고, 몹시 무
더울 때 여러 날 두어도 잘 상하지 않는다라는 백설기의 특징과 장점이 나와 있다.

▼▼   김명순(1994). 조선 후기 서울의 풍속 세태를 다룬 기속시 연구. 동방한문학. 10. 149-150.

백설기

첫돌은 음식과 함께 돌잡이라는 우리 민족만의 특별한 의식을 행하는데 돈, 무명실, 책, 붓, 활 등을 음식 앞에 늘어놓아 아이가 원하는 것을 잡게 한다. 이 돌잡이는 아이의 장래를 점치면서 다복多福을 기원하는 의식이다. 《혼불》은 주인공 강모의 첫돌상을 아름답고 정감 있게 그려 낸다. 이에 따르면 맨 뒷줄에는 먹과 벼루, 책 그리고 그 옆에는 청실홍실이 나란하고, 가운데 줄에는 붓, 돈, 활, 무명필이 소담하게 혹은 날렵하게 놓인다. 아이의 손이 닿기 좋은 앞줄에는 과일, 국수, 쌀, 떡 등의 음식이 탐스러웠다. 그것들이 가리키고 있는 앞날들은 하나같이 복스러운 것이다. 돌잡이 물건에서 국수는 장수를, 쌀은 재물을 의미한다. 또한 대추와 같은 과일은 자손 번창을 의미한다. 이러한 돌상차림에 올라가는 음식은 각기 나름의 의미를 지니면서 인생의 첫걸음을 떼는 아이 앞날이 복으로 가득 차기를 축원하는 부모 마음을 담고 있다.

돌상의 주격인 음식으로 백설기 외에 수수팥떡도 있다. 경단이라고도 불리는 수수팥떡은 찹쌀이나 수수 가루를 물에 익반죽해서 만드는 것으로, 둥글게 모양을 만들어 끓는 물에 삶아서 건져낸 후 갖가지 고물을 묻혀 낸 떡을 말한다. 고물 종류에 따라 콩가루경단, 감자경단, 계피경단, 깨경단, 실백경단, 밤경단, 쑥경단, 삼색채경단 등으로 불린다. 찰수수 가루로 빚어 붉은팥고물을 묻힌 찰수수경단을 속칭 수수팥떡이라 하는데, 백일이나 돌에 만들어 여러 이웃에게 나누어 주곤 했다.

찰수수경단은 팥고물을 입히는 것이 특징인데 팥의 붉은색이 악귀를 물리친다고 믿었기 때문이다. 이는 동짓날 쑤어 먹는 팥죽이 사악한 기운을 쫓아내는 축귀逐鬼 기능이 있다고 본 것과 마찬가지다. 동짓날 집 벽과 기둥 등지에다가 팥죽을 바르기도 했는데 서양에서 악마를 물리치기 위해 집에 양의 피를 바른 것과 동일한 맥락이다. 동물 피를 벌겋게 바르는 대신 팥죽을 쑤어 먹으며 팥의 색에 주술적 의미를 부여한 데는 농경 사회 풍습을 반영한 것으로 더 평화적인 성격을 띤다. 또 백일부터 10살 이전의 생일날에 찰수수경단을 먹었던 풍습은 삼신 사상에서 유래한다. 삼신할머니는 아기를 점지하고 10살까지 아기를 보호해 준다고 하는데, 이 풍습으로 보아 우리의 오랜 역사 속에서는 열 살까지를 어린아이로 보았던 듯하다.

화합과 번창을 기리는 잔칫상

혼인은 어느 나라 어느 시대에나 있었지만 혼인만큼 그 민족과 시대 특성을 보여 주는 풍습도 드물다. 예를 들어 고구려 시대에는 남녀가 부부로 연을 맺으면 신랑 집에서 신부 집으로 술과 돼지를 보내 잔치를 베풀었다. 신라 시대에는 술과 음식을 차렸는데 빈부 형편에 따라 차이가 있었다. 고려 시대에는 혼가에서 재물을 받지 않고 술과 떡을 차려 마을 사람들과 기쁨을 나누었다. 조선 시대에는 신부 집에서 신랑 집으로, 신랑 집에서 신부 집으로 큰상을 차려 주는 풍습이 있었고 혼례를 하면 반드시 혼인 잔치를 열었다. 혼인 잔치는 신랑과 신부 양가 집안이 하나 되는 의례의 장場이며 여기에서 양가 간의 균형 잡힌 교환 관계를 엿볼 수 있었다.

《혼불》은 처음에 대숲에서 일어나는 바람 소리와 함께 대실이라는 마을로 독자들을 인도한다. 대실은 이미 잔치 분위기다. 전라남도

전

대실의 한 양반가에 남원군 매안의 매안 이씨 양반가로부터 사주가 도착한 것이다. 그렇게《혼불》은 인간이 살아가면서 반드시 지나쳐 간다는 관혼상제의 한 관문인 '혼인'과 함께 이야기를 시작한다. 마당은 고소한 음식 냄새와 부인들의 입담으로 시끌시끌하고, 집 안에는 혼인의 즐거움과 기대감으로 가득 차 있다. 일생에서 가장 큰 잔치인 혼삿날, 이날의 들뜬 분위기와 부산한 움직임은 전형적인 잔칫날 모습이다.《혼불》에서 작가는 이날의 분위기를 후각을 통해 전달한다. 잔치 음식 준비하는 과정을 시각적 이미지가 아닌 음식을 준비하는 과정에서 그려지는 군침 돌게 하는 음식 냄새로 묘사해 전한다.

마을 전체에 퍼지는 음식 냄새는 누군가의 집에서 잔치를 벌인다는 일종의 광고 효과를 낸다. 그리고 그 수많은 음식 냄새 중 가장 후각을 자극하는 것이 바로 전을 지지는 기름내다. 우리 민족에게 기름을 사용하여 조리하는 음식은 평소에 보기 힘든 상차림이었다. 이는 기름을 지질 때 사용하는 조리 도구가 일상화되어 있지 않았다는 사실에서도 나타난다. 전류의 음식을 하기 위해서는 무쇠 솥뚜껑을 뒤집어 사용했는데, 그만큼 전을 부치는 것은 번거롭고 비일상적인 일이었다는 것을 뜻한다. 이 때문에 전은 잔치 등 큰 상차림에 쓰일 음식을 다량으로 준비할 때만 나타나는 음식이었다. 또한 한꺼번에 많은 양의 전을 준비해야 하는 잔칫날에는 비좁은 부엌을 떠나 마당 한가운데나 뒤꼍에 따로 불을 피우고 조리 도구를 걸어야 했다. 전이 평상시 음식으로 조리되지 않았던 것은 기름이 귀했기 때문이기도 하다. 귀한 기름을 듬뿍 사용하는 조리 과정은 일상에서는 맡기 힘든 고소한 기름 냄새를 피우고, 이는 자연히 잔치나 제사를 준비하는 중이라는 선전 효과를 지니게 된다. 온갖 재료를 밀가루나 녹말가루를 입혀 부쳐 낸 전. 그 전을 평소에 먹기 힘든 재료를 사용하여 잔칫상에 올렸던 것이 우리의 음식 문화였다.

또 잔칫날 풍기는 고기 냄새도 사람들을 불러 모으는 냄새 중 하나였다. 《혼불》에서는 참기름에 볶은 잘게 찢은 도라지, 양념하여 석쇠에 구운 쇠고기를 꼬챙이에 꿴 '적'이 등장한다. 귀한 쇠고기에 도라지 등의 채소를 볶아 같이 꿴 뒤 잣가루를 뿌려 마무리했는데, 꽃처럼 화려한 이 적을 특별히 '화양적'이라 부른다. 고기, 도라지 향내에 참기름 냄새가 어우러져 마치 그 냄새가 소설에서 배어 나와 직접 전해지는 듯하다.

잔칫날 특히 관혼상제와 같이 특별한 의미를 지니는 행사 의식에서 빠질 수 없는 음식은 바로 술이다. 전통 혼례에서 신랑, 신부가 나눠 마시는 술을 합환주라 하는데, 이는 전통 혼례 의식에서 남녀 결합의 상징적 의미를 단적으로 보여 준다. 합환주를 마시는 순간은 바로 전통 초례청의 하이라이트가 되며 떠들썩하던 구경꾼들도 이 순간만은 숨을 죽이고 신랑, 신부의 움직임과 손놀림을 바라본다. 합환주를 신랑과 신부가 나누어 마심으로써 비로소 혼례가 실질적으로 성사되었음을 뜻한다. 서구의 결혼식 전통에서 남녀의 결혼 의사를 주례가 직접 '예, 아니요'로 대답하게 하는 직설적인 방식이 아니라 상대가 마신 술을 건네받아 나머지를 마시는 행위를 통하여 상대를 영원한 반려로 받아들이겠다는 뜻을 보여 준다. 이 합환주 의식은 은근하면서도 매력적인 우리 전통이다.

합환주의 핵심은 그 상징성에 있기 때문에 어느 술을 사용해도 상관없지만 원래 자귀나무 꽃으로 빚었다. 옛사람들은 이 자귀나무를 각별한 정을 주면서 앞마당에 길렀다고 하는데, 특히 신혼부부 침실 앞에 심어 부부 금슬을 좋게 했다고 한다. 붉은 실타래를 풀어놓은 듯한 꽃과 저녁마다 서로 맞붙어 잠을 자는 잎들의 특징 때문이다. 그래서 이름을 합환목, 야합수, 유정수 등으로 부르기도 한다. 혼례를 치른 후 첫날밤에 마시는 술도 이 자귀나무 꽃을 사용했는데 혼례식의 피곤함을 물리치고 처음 대하는 이성 간의 흥분을 극대화시키기 위해서라고 한다. 향이 좋아 차로 끓여 마시면 마음이 편안해지는 효과를 볼 수 있어 꽃을 말려 차로도 많이 음용되었다. 오래전 우리 선조들은 남자들을 일찍 귀가시키기 위해 자귀꽃을 말려 베갯속에다 넣어 두었다고 하는데, 남편이 이 향기에 취해 귀가 시간이 빨라지기 때문이라고 한다.

첫날밤 술상에는 반드시 대추와 밤이 놓인다. 꽃이 피는 나무 중에는 열매를 맺지 않고 그냥 져버리거나 떨어져 버리는 꽃들이 많다. 하지만 대추나무 꽃은 비록 볼품은 없지만 그냥 지는 경우는 없으며 아무리 비바람이 몰아치고 폭풍이 불어도 꽃이 떨어지지 않는다. 대추나무는 일단 꽃이 피면 반드시 꽃 하나에 하나의 열매를 맺는다. 옛사람들은 이를 사람에 비유해 사람으로 태어났으면 반드시 자식을 낳아야 한다고 여겨 대추를 자손 번성의 의미로 보았다. 그리고 대추는 다른 과일과는 달리 열매 하나에 씨가 반드시 한 개만 들어 있으며 익은 대추는 붉은색, 즉 양陽을 뜻하는 남자아들를 상징한다. 이런 이유로 옛사람들은 여러 열매들 중에서 가장 양반급에 속하는 과일로 대추를 꼽았으며 제사상에는 항상 대추를 첫 번째 자리에 놓아 조상에게 자

손을 번창하게 해 달라는 기원을 담았다. 마찬가지로 혼례를 올린 새 신부가 시부모에게 절을 올릴 때 대추 한 움큼을 새 며느리 치마폭에 던져 주는 것도 대추나무에 대추 열리듯이 아이를 많이 낳아서 자손을 번창하게 하라는 의미다.

또한 밤을 던지는 것은 조상을 잘 섬기라는 뜻을 담고 있다. 대부분의 씨앗은 싹이 나서 한 그루의 나무가 되면 그 씨앗은 썩어 없어진다. 반면 밤은 싹이 나와서 큰 밤나무가 되어도 씨앗이 썩어 없어지지 않고 그대로 뿌리에 붙어 있다고 한다. 이를 보고 우리 선조들은 씨앗이 밤나무로 자라 다시 열매를 맺기까지 씨앗과 밤나무가 계속 연결되어 있다고 여겼으며, 조상과 자손의 연결 고리가 끊어지지 않고 지속되는 것으로 풀이했다. 이러한 상징성을 지닌 밤을 시어머니가 며느리에게 던지는 것은 조상의 은덕을 잊지 말고 잘 모시라는 당부의 표시다. 즉, 시부모님을 잘 모시고 조상의 제사를 잘 받들라는 교시다.

사자를 기복하고 영접하는 사자상

현대에는 장례를 집에서 치르는 경우가 거의 없어 장례 지낼 때의 음식이나 사잣밥이 거의 의미를 잃었지만, 예전에는 소나 돼지를 잡아 문상객들을 성대하게 접대했다. 양반들은 한 달, 길게는 석 달 동안 장사를 지냈고 서민들도 길면 9일 동안 장사를 지냈으니 장례 비용이 만만치 않았다. 장사 때 드는 비용을 계산해 보니 죽은 사람이 3년 먹을 것과 맞먹는다고 해서 "죽어도 3년 먹을 것을 지고 간다"라는 말도 생겨났다.

우리의 전통 장례에는 '고복皐復'이라는 의식이 있다. 고복은 임종이 확인되고 곡소리가 나면 주검을 대면하지 않은 사람 가운데 한 사람이 죽은 이가 평소에 입던 두루마기나 적삼을 들고 마당에 나가 마루를 향해 옷을 흔들며 생전의 관직명이나 이름을 부르는 의식이다.[*] 고복은 망자(亡者)를 되살리지 못한다는 것, 곧 저승사자가 망자의 영혼을 데려간다는 것을 뜻한다. 이때 저승사자를 잘 대접하면 죽은 이의 저승길이 편하다는 설이 있어 산 사람들은 저승사자를 대접하기 위한 상을 차린다. 이 상차림을 바로 사자상이라 하고, 사자상에 차린 밥을 사잣밥이라 한다.

《혼불》에도 이 사잣밥을 차리는 장면이 나온다. 새로 지어 막 퍼 올린 흰밥 세 그릇을 동그란 소반 위에 올려놓고 그 옆에 짚신 세 켤레와 동전 세 개를 나란히 놓는다. 저승사자는 흔히 셋이라 하여 사자상을 차릴 때도 밥과 반찬, 술, 짚신, 돈 등을 모두 세 개씩 차린다. 밥과 반찬은 요기, 짚신은 먼 길을 대비한 여분의 신발, 돈은 망자의 영혼을 부탁하는 일종의 뇌물이다. 반찬으로는 간장이나 된장만 차리는 것이 관례였는데, 중요한 것은 반찬이 아니라 밥이었다. 또 반찬으로 간장을 두는 까닭은 사자들이 간장을 먹으면 물을 켜게 되어 자주 쉬거나 물을 마시러 되돌아올 것을 기대하는 마음에서다.

《혼불》에서는 청암 부인의 죽음을 통해 죽은 이를 떠나보내는 가족들의 슬픔, 장례 음식을 준비하는 가솔들의 움직임 등을 세세하게 묘사하고 있다. 이는 마치 그 모든 절차와 의식에 함께 참여하고 있

Yoon, S. K.(2001). The 3'rd part of Korean general food survey — The table-setting of funeral rites and ancestral ritual fomalities. Korea Cultural Heritage Foundation. Seoul. 212.

는 듯한 착각을 불러일으킨다. 상여가 나가기 전까지 집에서는 망자에게 대접할 마지막 음식을 준비한다. 비록 육신은 숨을 거두었다 하나 혼은 아직 이승에 머물고 있다고 여겨 생시나 다름없이 하루에 한 번씩 살아생전 쓰던 그릇에 즐겨 먹던 음식을 담고 술을 따라 시신의 동쪽 어깨 닿는 곳에 상을 올려 섬긴다. 청암 부인의 일상 음식으로는 미음과 과일이 오른다. 이때 상주는 애통함을 금할 수 없어 친히 올리지 못하고 타인이 대신하는데 염습이 끝날 때까지 매일 진설했다고 나온다.

또한 망자의 몸을 씻긴 후 입관 전까지 행하는 절차를 습과 염이라고 하는데 이때도 망자를 위한 마지막 음식이 제공된다. 망자의 입에 버드나무 수저로 쌀을 넣어 주는 것이다. 이를 '반함飯含'이라 하며 저승까지 가면서 먹을 식량으로 물기를 뺀 찹쌀을 세 번 입에 넣는다. 그리고 만석을 외치며 망자가 저승에 가서도 배곯지 않고 흰쌀밥을 먹으면서 강령하기를 기원한다.《혼불》에서는 이 장면을 이렇게 묘사하고 있다. 상주가 된 이기채는 버드나무로 깎은 수저를 들어 가만히 쌀을 뜬다. 그리고 청암 부인의 시구 오른쪽에 공손히 넣으며 백 석이요, 다음에는 왼쪽에 한 수저를 넣으며 천 석이요 그리고 마지막으로 가운데 한 수저를 넣으며 만 석이요 외친다. 이렇듯《혼불》에서는 어느 민속학 해설보다도 정확하고 생생하게 망자를 향한 의식을 그리고 있다.

사람이면 누구나 죽음이라는 관문을 숙명적으로 통과해야 한다. 그래서 이승에서 저승으로의 전이 의식인 상례를 통하여 엄숙하고 정중하게 의식을 갖춤으로써 영혼을 편안히 전송하고 그 영혼의 음조陰助

를 얻고자 한다. 그리고 이 상례 절차와 의식에서 차려지는 음식 중 가장 중요한 것이 바로 쌀과 밥이다.

망자를 위로하고 애도하는 제사상

제사는 살아 있는 사람이 사자死者의 영혼과 만나는 것이며 죽은 이를 대접하는 하나의 관례를 계속하는 것이라 생각했다. 제사를 통해 효를 표현하고, 죽은 이를 잘 대접함으로써 살아 있는 사람이 보상받는다고 생각했기 때문에 최상의 대접을 하고자 했다. 최상의 대접은 결국 음식상을 잘 차리는 것으로 나타난다.▼

《혼불》에 나타난 여러 제사상에서 보듯 우리의 제수 음식은 모든 먹거리의 총집합이라고 해도 과언이 아니다. 잔칫상보다도 더 많은 가짓수를 법도와 각각의 상징적 의미에 맞춰 차려낸 것이 제사상이기 때문이다. 이 제사상에 술과 음식 외에 반드시 놓이는 것이 향이다. 제사에 향을 사르는 까닭은 멀고 먼 저승까지 닿을 수 있는 이승의 것은 오직 향기뿐이라는 믿음에 근거한다. 제사상에서 향기에 대한 믿음은 음식에도 반영된다. 본문에서 표현되었듯이 제삿날에는 간납을 부치는 기름 냄새가 집 안에 풍겨야 비로소 신이 알고 온다고 했다. 죽은 이는 혼령으로 오기 때문에 음식을 직접 먹지는 못하지만 음식에서 나는 향을 흠향함으로써 자손들의 정성을 받는 것이다.

이렇듯 성대한 제례 풍습은 모두 효도 차원에서 나왔다. 유교에서 말하는 효도란 "부모가 살아 계실 때는 극진히 섬기고 돌아가시면

▼ 정혜경 지음, 《천년한식견문록》, 생각의 나무 2009.

장사를 성대히 치르고 그 뒤에는 정성을 다하여 제사를 지내는 것"이라 했다. 특히 제사는 자손이 돌아가신 조상의 혼과 만나는 자리이기도 했다. 이러한 믿음은 지금까지도 이어져 온다. 아직까지도 많은 가정에서 제사를 지내고 있고, 풍족하지 않은 집이라도 제사를 지낼 때만은 무리해서라도 제사상을 마련한다. "모든 귀신은 먹으면 먹은 값 하고 못 먹으면 못 먹은 값 한다"라는 말처럼 정성 어린 음식 대접이야말로 조상을 모시는 길이자 현세에 복을 받는 이치라고 여기기 때문이다.

한편 제례에서 가장 어려운 것이 제사 음식을 올리는 순서다. 음식 놓는 순서는 집집마다 다르다. 그래서 "남의 제사에 감 놔라 배 놔라 한다"라는 말까지 있다. 제사 음식 전통 법도는 매우 엄격하고도 까다로우며 지역과 집안마다 조금씩 음식 재료와 차리는 법이 다르다. 하지만 제물은 일단 그 지역에서 손쉽게 구할 수 있는 식품을 기본으로 했다. 예를 들어 동해안에서는 생선젓을, 산촌에서는 청포묵무침을, 해안에서는 김구이 등을 올렸는데 이는 결국 제사상 차리기의 근본 원칙은 조상을 모시는 정성스러운 마음에서 시작되는 것이라는 조상들의 합리적인 유연성을 대변한다. 이는 제수 음식을 장만하는 사람들의 모습에서도 드러난다. 《혼불》에서 오류골댁은 절사와 기제사에 메(飯)와 갱(羹)을 올릴 때도, 무와 숙주나물을 올릴 때도 마치 거기 그곳에 어려운 조상이 앉아 계시기나 한 것처럼 깨끗하고 정갈하게 진설했다. 그러면서 언제나 이른 새벽 눈을 뜨자마자 새암의 첫물을 길어 부뚜막 한가운데에 정화수 한 그릇을 조심스럽게 올렸다고 표현한다.

제수 음식은 관행상 고인이 살아생전 좋아하던 음식을 올리기도 하는데, 이 관행은 오랜 역사를 거듭하다 보니 상고^{上古}성을 내재하게 되었다. 예를 들어 종묘 제례에서 잡곡과 쌀, 고기를 날것으로 진설하고 현주^{국가 제례에서 사용하는 제수 가운데 하나로 고요하고 맑은 물}를 반드시 올리는 전통에서도 드러난다. 이것은 먼 옛날 화식^{火食}하기 이전의 것을 상고하는 의미를 담은 것이다. 이러한 제사 풍습은 이승에서 제대로 먹지 못한 한을 호화롭게 차려진 제사상으로 받아 그 한을 자손들이 풀어 준다는 의미를 담고 있기도 하다. 그래서인지《혼불》에는 살아생전 듣도 보도 못한 음식들로 가득 찬 제사상을 받고 놀라 아무것도 먹지 못하고 돌아간 불쌍한 노비 혼에 대한 이야기가 나온다. 제사상이 얼마나 대단했던 것인지를 반어적으로 보여 주는 재미있는 일화다. 그러니 이 말을 듣고 산 사람들은 이 불쌍한 노비를 위한 특별한 제사상을 차린다.

《혼불》에는 청암 부인이 살아생전 아들에게 자신의 제삿날을 당부하는 내용이 나온다. 제사가 돌아오거든 아무쪼록 음식을 풍족하게 하여 동네 사람들에게 후히 먹이라는 것이었다. 제삿날 슬피 우는 대신 맛있는 음식을 나눠 먹고 흥겹게 지내며 제사가 하나의 축제가 되도록 하라는 것이다. 이는 평소 맛있는 음식을 마음껏 먹지 못했던 거명굴 천민들을 위한 청암 부인의 선물이며 은혜다. 또한 슬픔을 새로운 즐거움과 기쁨으로 승화시키려는 우리의 심미적 민족성을 반영하는 대목이기도 하다.

우리 민족의 혼이 담긴《혼불》밥상

《혼불》은 한국인의 혼(魂)을 잘 드러내는 소설이다. 그럼 한국인의 혼이 담긴 음식, 소울 푸드는 어디에 있을까? 바로 전통 음식의 본향으로 알려진 전라도 음식을《혼불》에서 만날 수 있다. 전라도 음식의 보고(寶庫)《혼불》은 전통 음식 문화 연구에 가장 좋은 텍스트다.

가장 먼저 아픈 이들의 속을 달래 주는 위로와 치유의 음식인 흰죽, 임산부를 위한 보양식인 가물치 고음 그리고 전주의 상징 식재료로 만든 콩나물무침과 청포묵이다. 그리고 잔치 음식에 늘 등장하는 고소한 전과 화양적, 구황 식재료인 쑥으로 만든 쑥떡, 풍류 음식인 국화주와 화전으로 밥상을 구성했다.

박완서《미망》

그리운 그곳 잊힌 개성 음식

〔미〕

《미망》은 어떤 소설인가?

《미망》은 우리나라 근대화 시기인 1880–1950년대까지를 다루며, 개성상인 집안의 흥망성쇠와 그 시대 사람들의 생활 양식과 정신세계를 보여 주는 풍속 소설이다. 공간적 배경은 고려의 수도 개성이다. 개성은 고려왕조 수도로 500여 년간 이어 오다 조선 시대 500년 동안에는 중요한 상업 도시로 발전한 역사 도시다. 고려 인삼 재배지로도 세계에 널리 알려진 개성은 정치, 경제, 문화 중심지로서 고도에 맞게 선죽교, 만월대, 공민왕릉 등 국보급 문화재와 명승지, 고적이 많이 남아 있다. 또한 조선 궁중 음식의 원형이 고려 수도였던 개성 음식에 있다고 할 정도로 개성 음식은 역사성을 상징하며 개성인의 독창적인 생활 문화를 반영한다.

《미망》은 소설가 박완서(1931–2011)의 장편 소설로 개성 지방의 한 거상 일가 삶을 그린 가족사 소설이다. 작품 배경인 개성은 작가의 고향이며, 작가는 자신의 체험과 경험에서 비롯한 것을 이야기 소재로 사용했다. 작품 속 개성은 고향을 향한 작가의 강한 애정과 향수를 찾아볼 수 있는 공간이다. 또한 이 소설은 역사적인 사실에 기초하여 정확하고 치밀한 묘사가 특징이다. 다루는 시기는 우리나라 근대화 시작점으로 이때 서양 음식이 등장하고 과자, 통조림과 같은 가공식품이 만들어지기 시작한다. 또 상업화, 도시 공업화로 인한 음식업 및 유통업이 급증한 시기다.

《미망》의 주된 공간 배경은 개성 지방의 샛골이다. 이곳은 전처만의 상업적 터전인 삼포가 있는 곳이고 어린 시절의 꿈이 실현된 곳이다. 그리고 태임이 가업을 이어 가는 모태 공간이며 개성의 상인 기질이 그대로 살아 있는 곳이다. 개성은 중국 문물이 서울로 유입되는 길목으로 상업상 유리한 위치다. 개성은 전 왕조의 오랜 수도로 정치적 권력 다툼의 장이 아닌 스스로의 권익을 지키고 조선 경제를 좌우하는 큰 세력으로 성장했다. 나아가 일제 강점기 시기에는 독립운동 자금을 지원하는 등 민족의 자긍심과 혼이 살아 있는 공간이다.

그동안 《미망》 연구는 주로 페미니즘 관점에서 여성 삶을 조망하거나 근현대 가족사적 연구 등 인문학적 연구가 주를 이뤘다. 소설 《미망》을 통한 음식 문화 연구는 드물었으며, 특히 개성 음식에 대한 자료는 거의 남아 있지 않을뿐더러 개성 실향민들은 연로하여 음식 연구가 어려웠다. 이 상황에서 개성 음식을 잘 보여 준 것이 바로 소설 《미망》이다. 따라서 《미망》은 개성 음식을 연구하기 위한 가장 좋은 텍스트다.

⬛ 2장 개성 음식 이야기는 《미망》(박완서 지음, 세계사, 2012)을 참고했다.

화려한 음식 문화를
꽃피운 개성

　　《미망》은 19세기 개성을 무대로 하고 있다. 따라서 소설에 등장하는 음식은 주로 19세기 말 개성 음식이다. 개성은 원래 음식으로 유명한 곳이다. 개성이 주무대인《미망》에 나오는 음식을 정리했더니 아래 표와 같이 종류도 많고 다양했다. 우리가 익히 알고 있는 개성 음식인 조롱떡국, 장땡이, 보쌈김치, 인삼 등이 등장하고 그 외 잊힌 식재료들이 소설에 등장한다.

《미망》 속 개성 음식

주식류 (主食類)	밥(飯)	조밥, 수수밥, 깡조밥
	만두(饅頭)	편수
	병탕(餠湯)	조롱떡국, 떡국
	면(麵)	국수
	죽(粥)	암죽, 녹두죽, 깨죽, 밤죽, 흰죽
	탕반(湯飯)	첫국밥, 장국밥, 국밥(쇠기름살)

부식류 (副食類)	탕(湯)	미역국, 곰국, 괴기국(고깃국), 장국, 맑은장국(양지머리), 열구자탕
	찌개	시래기찌개, 호박김치찌개, 암치찌개
	찜(蒸)	호박잎찜, 제육찜
	편육(片肉)	제육편육
	부침개 (肝納)	녹두 부침개, 부침개(밀가루+암치껍질 또는 밀가루+돼지가죽+파)
	나물(菜)	탕평채, 나물, 상추쌈
	적(炙)	제육구이, 굴비
	김치(菹)	나박지, 보쌈김치, 풋고추장아찌, 호박김치, 열무김치, 겉절이, 동치미, 섞박지, 오이소박이, 깍두기
	장(醬)	된장, 간장
	젓갈(醢)	그이장(게장), 곤쟁이젓, 젓갈
	자반(佐飯)	콩자반, 북어무침
기호식 (嗜好食)	떡(餠)	송편, 약식, 떡, 주악, 치자떡, 편떡, 경단, 조롱이떡, 가래떡, 찰경단, 인절미, 장덩이(장떡)
	술(酒)	막걸리, 소주, 인삼주, 탁배기(탁주)
	한과(韓菓)	엿, 다식, 약과, 강정, 유과, 조청, 인삼정과
	과실(果實)	호도, 잣, 제주감귤, 추리(자두), 복숭아, 개구리참외
	음청(飮淸)	꿀물, 식혜, 복숭아화채
	그 외▼	인삼, 싱아, 칡뿌리, 삘기(띠의 애순), 진달래, 송기, 송순, 송홧가루, 찔레순, 무릇, 멍석딸기, 산딸기, 까마중, 머루, 다래, 가얌(개암), 밤, 도토리
기타	산후음식	전복, 홍합, 쇠꼬리, 돼지족발, 어린 돼지, 잉어, 숭어, 청둥호박, 석청, 인삼, 도라지, 영계, 계란, 씨암탉, 고기, 어물, 수수, 옥수수, 호박고지, 입쌀, 잡곡, 꿩, 해산쌀, 미역, 팥, 잣, 깨, 흑임자, 꿀
	인삼	인삼, 포삼, 백삼, 퇴각삼, 후삼, 미삼, 홍삼, 독삼탕(기생삼+대추), 인삼즙, 인삼정, 인삼차, 홍삼 진액 차, 인삼정과

▼ 《미망》 속 전처만이 태임에게 알려 준 야산에서 쉽게 구하여 즐겨 먹던 어린 시절 간식.

풍부하고 다양한 식재료

과거 개성은 고려 시대의 수도로 지방으로부터 조세곡과 공납품이 상납되어 막대한 물자 집적과 활발한 물화物貨 교류가 이루어진 곳이다. 조선 시대에도 수도 한양과 인접하며 서북 지방 물화의 집산지인 평양과 통하는 요충지였다. 또한 평양과 의주로 연결되는 청나라 무역의 교통로에 있었기 때문에 조선 시대 당시에도 국내 상업 중심지이면서 동시에 수공업 생산이 활발하게 발달한 곳이었다.

개성은 지형적으로도 기름진 풍덕 평야와 서해안을 인접하고 있어 좋은 품질의 식재료가 많았다. 이러한 지형적 조건 덕에 예로부터 개성 음식 하면 다들 알아주는 화려한 음식 문화를 꽃피운 곳으로 유명했다. 표에 정리한 바와 같이 《미망》 속에는 많은 음식과 다양한 식재료가 등장한다. 이 음식만으로도 개성 음식을 일목요연하게 살펴볼 수 있다. 예를 들어 생원댁에서 귀한 쉰둥이쉰이 넘어 얻은 아이를 얻었으나 젖이 잘 나오지 않아 여러 가지 보양식들을 구해 먹는 장면이 나오는데, 이때 전복, 홍합, 쇠꼬리, 돼지족발, 펄펄 뛰는 잉어, 숭어, 늙은 청둥호박, 심산유곡의 석청 등 좋다는 것은 다 구해다 먹였다고 말한다. 출산은 가족 최대 경사이자 가문 유지를 위한 중요한 의례다. 그러니 경제와 상업 요충지인 개성에서 산후 젖이 나오지 않는 것을 치료하기 위해 온갖 귀물들을 구해 산모에게 먹이는 일은 자연스러운 장면일 것이다.

조선 초 어의 전순의가 쓴 《식료찬요食療纂要》에도 "부인의 유즙이 나오지 않는 것을 치료하기 위하여 소코牛鼻로 국을 만들어 공복에 복용하며, 노루 고기獐肉로 고깃국을 만들어 먹는다"라고 나온다. 또한

"부인과 질환에 혈과 기를 치료하고 다스리려면 굴을 삶아 먹고, 자궁 출혈을 치료하려면 홍합을 익혀 먹고, 몸이 붓고 태동이 불안한 것을 치료하려면 잉어를 삶아 탕을 만들어 먹는다"라고 했다. 호박과 석청에는 다양한 비타민과 미네랄 그리고 여러 생리 활성 물질이 풍부하여 산후 회복에 매우 좋은 보양식이다.▼ 다음은 전처만이 손녀 태임이와 함께 용수산 고개를 넘으며 용수산에 많이 나는 어린 시절 군것질거리를 이야기하고 있는《미망》속 한 장면이다. 사시사철 먹을 게 지천인 풍족한 자연환경에서 새순, 꽃, 열매 등은 할아버지와 손녀가 함께 공유할 수 있는 추억의 연결 고리이며 과거와 현재를 이어 주는 사랑의 매개체다.

> 산엔 사시장철 먹을 게 지천으로 있단다. 삘기, 진달래, 송기, 칡뿌리, 송순, 송홧가루, 찔레순, 싱아, 무릇, 멍석딸기, 산딸기, 까마중, 머루, 다래, 가얌, 밤, 도토리…… (중략) 할아버지 어렸을 땐 산에서 허기를 달랜 적이 많았느니라.
>
> — 《미망》, (상) 53쪽

19세기 말 본격적인 근대화와 산업화가 시작되기 이전에 개성은 풍부한 식재료, 교통의 요충지, 활발한 상업 활동으로 화려한 음식문화를 꽃피울 수 있었다. 이뿐만 아니라 개성은 아이들이 자연과 함께 호흡하고 자연을 마음껏 누리며 세상에 펼칠 큰 꿈을 품고 자랄 수

▼ 전순의 지음, 김종덕 옮김, 《식료찬요》, 예스민, 2006, 267쪽.

제육편육

있는 곳이었다.

일상 음식이자 잔치 음식 돼지고기

개성 음식의 또 다른 특성 중 하나는 다양한 돼지고기 음식이 발달했다는 것이다. 돼지고기는 제물이나 행사에 가장 많이 쓰이는 고기다. 소는 농업이 중요한 생업이었던 우리 민족에게 중요한 노동력의 한 부분이었다. 따라서 단백질 공급원으로 중요한 노동력인 소보다는 돼지고기를 많이 애용했다. 돼지고기는 떡과 마찬가지로 제물로 바치는 음식 중 하나로 귀하고 특별한 음식이었다. 또한 돼지고기는 지방과 비타민 B군이 풍부하여 추위를 이기기 위한 열량원을 제공하는 매우 좋은 식재료다. 따라서 겨울이 상대적으로 더 춥고, 경제적 여유가 있는 개성에서는 잔치 음식뿐만 아니라 일상 음식에서도 돼지고기를 다양하게 활용했다. 떡 치랴, 두부 하랴, 엿 고아 강정 만들랴 정신없는 와중에도 돼지까지 한 마리 잡게 했다고 하니 돼지가 얼마나 중요한 식재료인지 알 수 있다. 돼지를 삶아 제육편육을 만들기도 하고, 개성 명물인 호박김치에 넣어 맛있는 제육 호박김치찌개를 만들기도 했다.

시키지도 않았는데 안주로 제육이 나왔다.

"역시 짱꿰허구 다닐 만허다니까."

그러면서 마도섭은 소증 난 사람처럼 연신 시커먼 김치 이파리에다 돼지비계를 싸서 아귀아귀 처넣었다.

"녹두 갈아 놓은 게 다 떨어져 버렸는데 뭘 부친담?"

"밀가루에다 파허구 돼지가죽이라도 송송 썰어 넣고 부치면 쫄깃
쫄깃 먹을 만허지 않겠수?"

"관두게. 제육 두 접시면 목구멍 먼지는 깨끗이 씻겨 내렸을 테니
까. 부침개보담은 국밥이나 한 그릇 잘 말아 주소, 배천댁."

— 《미망》, (하) 349쪽

19세기 말 개성에서 돼지고기는 며느리가 시아버지를 대접하는
점심상에 제육편육으로, 오랜만에 찾은 친정집에서 친정어머니가 끓
인 호박김치찌개로, 설 명절에는 손님을 위한 접대 음식으로 준비되
었다. 또한 상거래가 활발했던 개성에서는 선술집을 비롯한 대중음식
점이 생겨나게 되는데, 제육편육과 돼지 껍질이 들어간 부침개가 술
안주로 등장한다. 1946년에 발행된 최남선의 《조선의 상식》이라는 책
에서도 개성의 유명한 음식으로 엿과 저육제육을 들고 있다.

개성을 대표하는 귀한 식재 인삼

우리 민족 대표 보약인 인삼은 개성을 대표하는 식재食材다. 한국
음식 철학은 약보다는 식품으로 섭취하는 것이 몸을 더 잘 보하며 건
강을 지켜 준다는 식치食治 사상이다. 예로부터 인삼은 귀한 약재였기
때문에 아무나 먹을 수 없었고 말린 것을 가루 내어 이용하거나 달여
서 탕약으로 이용할 뿐이었다. 그러나 개성에서는 인삼을 활용한 음
식이 꽤 있었다.

원래 평안도 강계나 강원도 지역에서 자연산으로 채취하던 산
삼이 재배되기 시작한 것은 17세기 말에서 18세기 초라고 알려져 있

인삼죽

다. 숙종 연간에 전라도 한 여인이 산삼 씨를 받아 최초로 재배에 성공했고, 이 방법을 개성상인이 수용하여 18세기 중엽 이후 개성에서 본격적인 인삼 재배가 확산되었다. 개성에서 인삼 재배가 본격화되면서 무역을 주도했던 개성상인들의 실리도 커지게 되었다. 특히 개성상인은 직접 삼포를 경영하여 인삼을 재배하고 홍삼을 제조하게 됨으로써 자본 규모를 키웠으며, 정부의 허가하에 이루어지는 공식적인 인삼 무역 외에 밀무역에도 적극적이었다.

정과正果는 식물의 뿌리, 줄기, 열매 등을 날것 혹은 삶아서 꿀이나 설탕으로 조린 것이다. 인삼정과는 고조리서에 빈번히 등장하는 음식으로 1800년대 말에 쓰인 《시의전서是議全書》에 "좋은 인삼을 삶아 우려낸 뒤 저미서 한 번 삶아 버리고 다시 물을 부어 삶는다. 이때 꿀을 조금 타서 삶다가 꿀을 또 넣어 졸여서 물이 없고 엉기어 끈끈해지면 쓴다"라고 기록되어 있다. 특히 1925년 최영년이 쓴 《해동죽지海東竹枝》에는 삼전과蔘煎果가 개성의 명물 음식으로 나온다. 《조선왕조실록朝鮮王朝實錄》 영조 편에는 인삼정과 올리는 것을 감한다는 기록이 몇 차례 등장하는데 이것으로 보아 이전에 인삼정과 제조가 이미 성행했음을 알 수 있다.

이렇듯 개성상인들의 인삼 생산과 판매 열정은 근대 자본주의 산업 사회로 이행되면서 단순히 수삼을 건조하거나 쪄서 판매하던 백삼과 홍삼 형태의 인삼 제품을 다양한 가공 제품으로 상품화한다.

홍삼 백삼 수익만 해도 엄청날 텐데 태임이는 삼포에서 나는 거라면 삼이파리까지도 팔아먹을 궁리를 해냈다. 그런 방면의 책도 구해 읽는 듯했지만 제약업자나 신식 약학이나 가공식품을 공부한 사람들과 제휴해서 수납해서 제외된 퇴각삼이나 미리 가려놓은 후삼, 미삼 등도 즙이나 정, 차로 만들었고, 또 분말을 만들어 무슨 산이니 정이니 하는 이름이 붙은 보약의 원료를 삼기도 했다. 하다못해 삼 이파리나 삼꽃이 개화할 때 충실한 씨를 받으려고 일부러 따버리는 꽃심 부분까지도 목욕물에 넣으면 살결이 예뻐질 뿐만 아니라 여름에 물것을 안 탄다고 선전해서 돈 받고 팔 수 있게 상품화시켰다.

— 《미망》, (하) 212~213쪽

동네 사람들과 정을 나누는 탕

소설 속에는 첫국밥, 장국밥, 국밥, 미역국, 곰국, 괴기국(고깃국), 장국, 맑은장국, 열구자탕 등 다양한 탕 음식이 등장한다. 우리나라는 국물 민족이라고 불릴 만큼 국에 밥 말아 먹는 것을 좋아한다. 특별히 다른 찬을 갖추지 않아도 탕과 김치 한 가지만 있으면 간단히 한 끼를 해결할 수 있었고, 장국밥 한 그릇으로 늦은 점심을 때우는 것은 일상이었다. 탕은 손쉬운 일품 음식이기 때문에 자연히 잔치 음식이나 큰 행사 때면 훌륭한 나눔 음식이 되었다. 잔칫날이면 으레 뒤란에 가마솥을 걸어 소나 돼지를 잡아 오랜 시간 장작불을 지펴 푹 고아 삶는 모습을 볼 수 있었다.

개성을 대표하는 탕 메뉴 중 하나는 만둣국이다. 만두는 만두피 재료나 모양, 삶는 방법에 따라 종류가 다양하다. 개성에서는 작고 앙증맞은 만두를 주로 빚어 먹었고, 네 귀퉁이를 붙인 독특한 모양의 편수를 빚어 먹었다. 양지 국물을 곤 맑은장국에 편수를 넣어 끓이기도

편수

하고, 조롱떡국에 고명으로 올리기도 했다. 편수는 변씨가 처음 만들어 변씨만두 卞氏饅頭라고 불렸으며, 밀가루로 세모 모양을 만들어 소를 넣고 장국에 익혀 먹는 음식이라고 《동국세시기 東國歲時記》에 처음 기록되어 있다.▼

다음은 《미망》에서 설에 차리는 상을 그린 장면으로 개성 음식이 얼마나 아름다운지를 보여 준다. 예쁜 편수와 맛깔스러운 고명을 얹은 조롱떡국부터 개성의 명물 김치인 보쌈김치는 장미꽃송이가 겹겹이 입을 다물고 있는 듯하다고 했다. 웃기로 얹은 주악은 염낭 주머니처럼 색스럽고 앙증맞다고도 하였다. 또 개성에서는 잔치에 빠지지 않고 등장하는 술과 식혜를 잘 담그고, 특히 열구자탕을 잘 꾸미는 것을 중요한 음식 솜씨 중 하나로 여겼다.

> 은빛이 나게 잘 닦은 놋반병두리 안에선 김이 모락모락 피어오르고 조랑떡국 위에 예쁜 편수와 그 위에 얹은 맛깔스러운 고명이 드러났다. 보시기 속의 보쌈김치는 마치 커다란 장미꽃송이가 겹겹이 입을 다물고 있는 것처럼 보였고 갖가지 떡 위에 웃기로 얹은 주악은 딸아이가 수놓은 작은 염낭처럼 색스럽고 앙증맞았다. 설 때마다 느끼는 거지만 전처만네 설상은 귀한 댁 아가씨가 가꾸는 작은 꽃밭처럼 아기자기하고 색스러웠다. 먹기가 아까웠다.
>
> ─ 《미망》, (상) 76쪽

▼ 홍석모 지음, 이석호 주석, 《조선세시기―동국세시기 편》, 동문선, 1991, 116쪽.

"아이고 말도 말아요. 남작인지 여작인지가 얼마나 대단한 건지 우리 같은 무지랭이가 알 바는 아니지만 그 댁 하고 사돈의 팔촌만 돼도 이 쯤에 잘 보이려고 바깥양반들은 재물로 부주, 안식구는 솜씨로 부주한답시고 사람이 들끓는다우. 나는 술을 잘 담금네, 나는 식혜를 잘 담금네, 나는 열구자탕을 잘 꾸밉네 하구요."

— 《미망》, (하) 245쪽

열구자탕은 신선로라는 화통이 붙은 냄비에 담아 먹는데 진한 맛과 색스럽게 담은 재료의 화려함이 한국 음식의 진수로 꼽힌다. 여러 사람이 나누어 먹는 즐거움과 형형색색의 화려함으로 개성 잔치 음식에서 빠지지 않고 등장하는 귀한 음식이다.

열구자탕은 조선 시대 잔치에도 등장하는 음식으로 숙종의 어의였던 이시필이 작성한 《소문사설譏聞事說》이라는 책에 기록되어 있다. "대합의 중심 주위에 여러 가지 먹을 것을 넣어 종류별로 배열하고 청장탕淸醬湯을 넣으면 저절로 불이 뜨거워지면서 익는다. 여러 가지 액이 섞여서 맛이 꽤 진하다. 여러 사람이 둘러앉아 젓가락으로 먹고, 숟가락으로 탕을 떠서 뜨거울 때 먹는다. 이것이 바로 잡탕이니 눈 내리는 밤, 손님이 모였을 때 먹으면 매우 적당하다"라고 했다.▼ 이후 일제 강점기 때 이석만의 《간편조선요리제법》에도 열구자탕이 소개되는데 신선로 화통에 불을 피우고 물을 끓여 한참 먹다가 국수나 떡볶이 혹

▼ 이시필 지음, 백승호, 부유섭, 장유승 역주, 《소문사설 조선의 실용지식 연구노트》, 휴머니스트, 2011, 107쪽.

은 밥을 말아 먹기도 한다고 했다.▼

> 전처만의 제사는 기제사도 보통 부자의 대소상 못지않게 제수장만
> 을 넉넉하고 화려하게 하기로 소문이 나 있었다. 갖은 진귀한 과실
> 에 미리미리 준비한 다식 약과 갖은 편 경단 등을 자로 꿨고, 고기
> 와 어물을 풍부히 쓰고 탕을 가마솥으로 하나를 끓여 다음 날 온 동
> 네잔치를 했다.
>
> — 《미망》, (상) 429쪽

개성의 음식 나눔은 기제사 때도 이루어진다. 고기와 어물을 넉
넉히 쓴 탕을 가마솥에서 끓여 기제사에 참석한 사람들뿐만 아니라
온 동네 사람과 함께 나누어 먹음으로써 돌아가신 분의 덕을 기리고
집안의 화평과 후손들의 번영을 기렸다. 탕 음식 나눔을 통해 집안 행
사가 마을 전체의 행사로 확장된 것이다.

발효 저장 음식의 발달

19세기 개성 일상 음식에서 가장 주목해야 하는 것은 다양한 발
효 저장 음식이다. 《미망》에는 나박지, 보쌈김치, 호박김치, 열무김치,
동치미, 섞박지, 오이소박이, 깍두기, 풋고추장아찌, 된장, 간장, 그이
장게장, 곤쟁이젓, 젓갈, 장덩이장떡 등 다양한 발효 음식이 등장한다.

▼ 이석만 지음, 이성우 편저, 《간편조선요리제법》, 수학사, 1992.

보쌈김치

"누님, 호박김치두요."

태남이가 싱긋 웃으며 참견을 했다.

"오냐오냐, 객지에서 겨우 그게 먹고 싶었드랬는? 호박김치는 뭉근헌 불에 오래 끓여야 제맛이 나는데 어드럭허냐. 먹다 남은 거라도 뎁히랄까?"

― 《미망》, (상) 139쪽

객지에 있다 오랜만에 누님 댁을 찾은 태남이를 위해 태임은 급하게 밥상을 준비한다. 태남이는 가장 먹고 싶었던 호박김치를 누님에게 이야기한다. 늦가을에 수확한 늙은 호박은 당도가 높고 카로틴 함량이 높아 맛과 영양이 풍부하다. 이 늙은 호박을 넣어 만든 호박김치는 우거지, 무청과 함께 절였다가 고춧가루와 젓갈을 버무려 담그는 황해도 지방의 허드레 김치다. 양념이 강하지 않아 찬거리가 마땅찮은 겨울철에 찌개용으로 즐겨 먹었다고 한다. 김치가 익어 맛이 들면 돼지고기나 멸치를 넣고 뚝배기에 끓여 찌개 형태로 먹는 것은 중부 지방 특유의 음식 문화다.

밥솥 아궁이 불을 물려 긁어 담은 질화로는 가운데 투박한 불돌이 자리 잡고 둘레엔 뚝배기가 서너 개 들어앉고도 석쇠를 얹을 수 있을 만큼 컸다. 시래기찌개와 호박김치와 곤쟁이젓이 올망졸망한 뚝배기 속에서 제각기의 독특한 냄새를 풍기기 시작하자 그만이는 석쇠에다 장덩이를 얹었다. 구수한 장덩이 익는 냄새와 호박김치의 시척지근한 냄새가 어울려 식욕을 강렬하게 자극했다.

― 《미망》, (상) 105쪽

《미망》에는 찌개 끓는 소리와 함께 뚝배기 속 제각기 다른 발효 음식이 독특한 냄새를 풍기며 강렬하게 식욕을 자극하는 표현들이 자주 등장한다. 또한 그만이가 아침상을 준비하는 장면에는 개성 지방 특유의 음식인 장덩이가 소개된다. 장덩이는《조선무쌍신식요리제법 朝鮮無雙新式料理製法》에 '장쩍'醬𩜼으로 표현된 개성의 독특한 음식으로 "죠흔장에 찹쌀가루와 여러 가지 고명을 너코 물기름에 반죽하야 한치쯤 모지게 하야 지짐질 쑥게에 지저서 써러 먹나니라. 된장에도 이와 가치 하야 찌어서 구어먹나니 송도에서 만드나니라"라고 소개되어 있다.▼ 석쇠 위에서 구수한 냄새를 풍기며 익어 가는 장덩이는 발효 음식의 또 다른 응용과 변신이라 하겠다.

> 입동 무렵에 담가 김칫 광에 독독이 묻은 김장 김치는 보쌈김치로부터 동치미, 석박지, 호박김치까지 대물림의 솜씨와 삼한사온 덕으로 혀를 톡 쏠 만큼 도전적으로 익어 가는 중이고, 지난 사월 상달에 고사 지내고 나서 쑨 메주는 행랑방에 매달았으니 곧 고약한 냄새를 풍기며 뜰 테고, 광에서 추수해 들인 입쌀과 잡곡이 뒤주에서 독에서 넘치고 가마니째 길길이 쌓여 있었다.
>
> ─《미망》, (하) 10쪽

개성을 대표하는 음식에서 또한 빼놓을 수 없는 것이 바로 보쌈 김치다. 정작 개성 토박이들은 보쌈김치가 아닌 보김치 혹은 쌈김치

▼　이용기 지음, 이성우 편저,《조선무쌍식신요리제법》, 수학사, 1992.

로 부른다. 그러나 소설에는 친숙한 용어인 보쌈김치로 등장한다. 보쌈김치는 빨갛게 익은 김치 사이사이로 전복, 낙지, 굴, 밤, 배, 잣, 대추 등 산해진미가 들어 있는 고급스러운 김치다. 본디 개성에는 개성배추라는 종자가 따로 있어서 속이 연하고 길며 맛이 고소하다고 한다. 개성배추는 통이 크고 잎이 넓어 온갖 양념을 배추 잎으로 보같이 싸서 익히는 보쌈김치를 담그기 좋으며 익으면서 여러 재료가 안에서 섞이고 맛과 냄새가 새어 나가지 않아 맛이 고스란히 보존된다.▼ 보시기에 담아 놓으면 꽃송이처럼 화려해지는 보쌈김치는 꽃밭처럼 어여쁜 상차림을 가능하게 했다.

개성은 인근 황해도 지방의 넓은 평야와 해안이 가까워 싱싱한 수산물을 구하기 쉬웠다. 그뿐만 아니라 무역과 경제 중심 도시로서 풍부한 물자와 경제적인 여유는 이렇게 김치도 화려한 고급 음식으로 변화시키고 발전시켰다. 개성은 보쌈김치뿐만 아니라 동치미, 섞박지, 호박김치 등 대물림 솜씨로 이어 온 다양한 김치들이 삼한사온의 날씨 덕에 유기산과 탄산 등이 잘 형성되어 혀를 톡 쏠 만큼 맛있게 익었다. 이처럼 새로운 발효미를 형성하는 과정과 늦가을 쑨 메주가 볏짚 속에서 건강에 좋은 곰팡이를 피우며 뜨는 과정이《미망》에 상세히 묘사되어 있다.

이렇게 본격적인 산업화와 근대화 이전의 전통 사회에서는 식품을 장기간 보존할 수 있는 방법으로 발효라는 과정을 창안해 냈고, 한철에 생산된 잉여 식품이 부패하지 않도록 저장 식량을 확보했다. 발

▼ 한복진 지음,《우리 음식 백 가지 1》, 현암사, 2005.

효란 음식이 부패하지 않고 특별한 조건에서 유용한 성분과 맛이 생기는 것을 뜻하는데, 바로 자연의 속도에 맞춘 발효 과정에서 새로운 유익한 성분들이 생기는 것이다. 이렇듯 발효 음식은 양적으로 모자라는 식량의 안정적인 공급에 기여할 뿐만 아니라 질적으로 모자라는 영양소 제공에도 기여했다.

오랜 음식 문화에 담긴
음식 철학

한식은 예로부터 한국인들의 생각과 가치관이 만들어 낸 음식으로 무엇보다 정성과 식치食治라는 음식 철학이 담겨 있다. 이러한 한식 철학은 오랜 세월이 담긴 개성 음식에서도 잘 드러난다.《미망》속 텍스트를 통해 19세기 말 개성 음식 문화에 담긴 음식 철학이 무엇인지 살펴보자.

정성껏 마음 들인 정갈함

소설에 나타난 19세기 말 개성 음식 문화의 중요한 특성은 바로 음식 만드는 과정 그리고 차림새의 정성과 정갈함이다.

녹두죽, 깨죽, 밤죽을 번갈아 가며 쑤어 들여도 별로 당기지 않아 하더니 흰죽에 곰삭은 게장이나 곤쟁이젓 짠 것을 곁들여 내면 반 넘어 그릇을 비웠다. (중략) 영감님 잡술 거라면 최상의 재료를 고르는 것부터 반듯하고 모양 있게 썰고 알맞게 익고 무를 때까지 불을 괄하게 또는 은근히 조절하고 간을 맞추고 웃고명을 얹는 것까지 손수 하던 걸 안 하게 된 대신 쓸고 닦는 건 더욱 유별나졌다.

— 《미망》. (상) 105쪽

이와 같이 개성 여인들은 최상의 식재료를 골라 반듯하고 모양 있게 썰고, 불의 강약을 조절하여 간을 맞추고, 웃고명을 얹어 정성스럽게 음식을 준비한다. 입맛이 없어진 남편^{전처만}을 위하여 녹두죽, 깨죽, 밤죽을 번갈아 가며 쑤고, 그것도 당겨하지 않자 흰죽에 곰삭은 젓갈을 곁들여 식사를 준비한다. 음식 준비를 통해 남편을 향한 홍 씨 부인의 정성과 각별함을 엿볼 수 있다.

"나박지가 시원하구나."
전처만은 도무지 식욕이 나지 않아 두어 번 김칫국물만 훌쩍거리면서 말했다.
"아버님 제육 좀 드십시다요."
솜씨 칭찬에 언제나 자상하던 시아버지가 오늘따라 맛을 알고 드는지 모르고 드는지 분간을 못하게 무덤덤한 식사를 하자, 며느리가 참다못해 이렇게 채근을 했다. 그녀가 삶아서 눌렀다고 썬 제육편육을 전영감은 특히 좋아해서 도당 고기(최영 장군에게 바치는 돼지고기)보다 맛있다는 최고의 찬사를 아끼지 않았었기 때문이다.
시아버지의 젊은이 못지않은 식탐을 아는지라 곧 한 그릇 더 대령할 수 있도록 불을 아주 꺼뜨리지 말고 양지머리 국물을 밍근히 끓이고 있으라고 일러 놓고 있던 며느리는 크게 실망하고 행여 뭘 잘 못했나 싶어 어쩔 줄을 몰랐다.

"잘 먹었다. 상 물리거라."

"아버님 편수 소 간이 안 맞았으면 진지를 조금이라도 잡수시지요. 곰삭은 그이장(게장)이 여간 별미가 아니올시다요."

"아니다. 편수 소 간이 안 맞긴. 누구 솜씨라고."

— 《미망》, (상) 47쪽

불쑥 방문한 둘째 아들 집에서 전처만이 둘째 며느리로부터 정성 들인 점심상을 대접받는 장면이다. 전영감이 특히 좋아하는 제육편육과 나박지 그리고 양지머리 국물로 끓인 편수로 두루기상▼을 차렸다. 며느리는 시아버님이 좋아하는 편수를 식지 않게 대접해 드리려고 불을 꺼뜨리지 않고 뭉근히 끓이려고 마음을 쓴다. 하지만 입맛이 없는 시아버지 반응에 며느리는 어쩔 줄 몰라 하며 편수 소의 간이 맞지 않는지 걱정하며 곰삭은 게장에 진지를 대접하려 한다. 이러한 가족사적 한 단편의 이야기를 보며 우리는 당시 개성의 일상과 음식 문화를 엿볼 수 있다. 시아버지를 극진한 정성으로 대접하는 며느리 모습에서 지금은 점점 사라져 가는 우리의 미풍양속을 떠올리게 된다.

《미망》 속에서 빈번히 등장하며 개성 음식 문화를 대표하는 음식이 바로 편수다. 변씨만두라고도 불리는 편수는 살찐 늙은 닭을 고

▼ 여럿이 둘러앉아 함께 먹도록 차린 상.

아 다져 잣가루를 많이 넣어 밀가루 반죽을 한다. 그리고 얇게 민 밀가루 반죽을 귀나게 썰어 귀로 싼 다음 닭 곤 물에 삶아 초장에 찍어 먹었다고 한다.♥♥ 얇게 민 만두피와 곱고 어여쁘게 빚은 만두 모양에서 우리는 개성 음식의 정성 들인 정갈함을 엿볼 수 있다.

> 더욱 신기한 것은 다 해 놓은 밥도 태임이가 푸면 윤기가 잘잘 흘렀고 같은 보쌈김치도 태임이가 보시기에 담아 놓으면 신기한 꽃송이처럼 화려해졌다. (중략) 태임이는 그 이상 참견하는 건 허락할 수 없다는 듯 딱 잘라 말하고 맑은장국 간을 보고 찬광의 오밀조밀한 항아리의 곰삭은 갖가지 젓갈을 각각 거기 맞는 기명에다 모양내서 담고 김치와 동치미도 손수 꺼내 왔다. 삽시간에 꽃밭처럼 어여쁜 점심상이 차려졌다. 술도 집에서 증류한 독한 소주에다 인삼을 담아 해를 묵힌 극상품으로 내갔다.
>
> ─《미망》, (하) 26쪽

개성 음식 문화의 또 다른 특성은 음식에 맞는 그릇을 선택하여 상차림에 신경을 쓴다는 것이다. 본문에서도 읽을 수 있듯이 태임이가 찬광에 보관된 저장 음식을 기명器皿에다 모양내서 담으면 흔한 김치도 꽃송이처럼 화려해진다고 했다. 실속을 중요시하는 개성 사람들이지만 음식에 있어서만은 사치를 부린다는 것을 알 수 있다. 섣달그믐에 수수엿으로 만든 각종 엿강정의 단정한 모양, 시집가는 딸에게

♥♥ 빙허각 이씨 지음, 정양완 편역, 《규합총서》, 보진재, 1975.

폐백으로 해 보내던 약과의 호사스러움 그리고 개성 제육, 개성 편수 등 갖가지 음식에 맞게 담는 기명들까지. 이러한 음식 문화에서 개성 여인들의 세련되고 정갈한 생활 양식을 살펴볼 수 있다.

웃고명 장식의 화려함

개성은 고려의 수도로 500여 년간 정치, 경제, 문화 중심지로 이어 오다 조선 시대 500년 동안은 중요한 상업 도시로 발전한 역사를 자랑하는 도시다. 따라서 개성 음식에는 경제적 풍요로움과 궁중 음식의 화려함이 녹아 있다. 개성 특유의 모양낸 조롱이떡에 예쁜 편수로 맛깔스러운 고명을 올린 조롱떡국, 각종 해산물과 과일, 견과류 등 산해진미로 김치를 장식한 보김치, 색색의 떡 위에 또 다른 웃기로 얹은 주악은 화려한 개성 음식의 진수를 보여 주는 음식 중 하나다.

주악은 《조선무쌍신식요리제법》에 조각병糙角餠으로 표현되어 있으며 "찹쌀가루를 물에 반죽하야 송편 빗듯 비저서 팟소를 꿀에 복가 느코 끌는 기름에 지지면 붓푸러 오르고 두 끗치 쌤쪽한고로 조각이라 하나니 이것이 제사에나 손님 대접에 썩 위에 놋는 것을 가장 숭상하나니라"라고 소개되어 있다.▼ 제사나 손님 접대와 같은 중요한 행사에는 작은 염낭처럼 색스럽고 앙증맞은 주악으로 웃기를 얹어 상차림을 작은 꽃밭처럼 아기자기하고 색스럽게 했다.

▼　이용기 지음. 이성우 편저, 《조선무쌍식신요리제법》, 수학사, 1992.

"김치도 설김치로 새로 내오고 젓갈도 골고루 내오거나. 찬간에 제육 눌러놓은 것도 있으니 모양내서 썰게. 맑은장국은 늘 준비돼 있는 거니까 지단이나 띄우구."

— 《미망》, (하) 139쪽

위 내용은 잔치 음식이 아닌 평소 일상 음식을 준비하는 모습이다. 뜻밖의 손님이 왔을 때도 많은 음식을 준비하지는 못하지만 집에 준비되어 있는 음식에 지단으로 고명을 얹어 장식하는 과정은 빠지지 않고 묘사되어 있다. 이렇듯 음식 위에 얹는 웃고명은 음식을 아름답게 꾸며 돋보이게 하고 식욕을 촉진해 주며, 음식을 품위 있게 완성해 주는 개성 음식 문화의 특성 중 하나라 할 수 있다. 즉, 개성 음식은 웃고명으로 음식 맛뿐만 아니라 맛을 좌우하는 시각의 아름다움을 통해 맛의 완성까지 추구했다.

음식에 담은 사회적 기능

음식의 가장 기본적인 기능은 영양 공급을 통한 건강 유지와 생존이다. 하지만 19세기 말 활발한 상업 활동으로 사회가 발달하고 분업화되다 보니 음식의 기능은 단순한 배고픔 해결뿐만 아니라 사람들과의 소통을 가능하게 하는 사회적 기능도 필요로 하게 되었다. 특히 1883년 인천항이 개항되면서 조선 사회는 자본주의와 합리주의 그리고 산업과 상업이 중심을 이루는 근대가 시작되었다. 근대화는 교통 발달과 함께 인구 이동과 교류를 용이하게 했으며, 이로 인해 도시가 형성되고 활발한 상업 활동 전개가 가능하게 되었다.

우리나라 대중음식점의 모태가 된 주막酒幕은 술을 팔던 곳이었다. 1900년대 초반 도회지의 주막은 음식점 기능이 강했고, 시골의 주막은 숙박을 겸했다. 20세기 초반, 주막에서는 술과 음식을 동시에 팔긴 했으나 아직은 전문화되지 못했으며 분화되지 않고 통합된 기능을 가지고 있었다. 《미망》에도 대중음식점의 근대적 형태인 목롯집, 선술집, 요릿집 등이 다양하게 등장한다. 주로 개성, 경성, 간도 등 도시에 있는 음식점들은 사람과의 만남을 연계해 주는 인적 교류 공간으로서 활용되며 술과 다양한 안주류가 제공됐다. 특히 개성은 상업과 경제 중심 도시로 전국을 돌며 행상을 하던 보부상들이 모여드는 곳이었다. 또 청과의 무역이 활발하게 이루어졌던 곳이었기 때문에 다른 도시보다도 사람들과 교류하며 술과 식사를 함께 나눌 곳이 필요했을 것이다. 《미망》에는 개성보다는 경성이나 간도를 배경으로 술집에서 술과 음식을 나누며 담소하는 장면들이 자주 묘사되고 있지만, 당시 사회적·경제적 상황을 고려했을 때 개성의 대중음식점 발달을 충분히 미루어 짐작해 볼 수 있다.

바쁜 상인들과 배고픈 길손들에게 술과 음식을 함께 팔던 주막에서 가장 손쉬운 음식은 바로 국밥이었다. 소나 돼지 부산물에 많은 물을 붓고 푹 끓여 밥이나 국수를 말고 김치를 함께 내면 빠르고 간편하게 한 끼 식사를 해결할 수 있는 단체 급식용 메뉴 국밥이 탄생했다. 이처럼 탕류는 활발한 경제 활동으로 바쁜 개성 사람들의 외식 메뉴로 인기 좋은 실용적인 메뉴였다.

고려의 왕궁터인 만월대로 해서 부산동, 자하동, 채화동, 백수동,

천동에 이르는 유람도로는 소문대로 절경이었고 그 중간에 들른 개성 갑부의 산장이라는 최신식의 2층 석조 건물에서 먹은 점심은 입에는 진미였고 눈에는 사치였다. 특별한 손님한테만 내놓는다는 홍삼 엑기스 차와 인삼정과는 식후의 나른한 식곤증을 산뜻하게 풀어 줬을 뿐 아니라 과연 개성 땅에 왔다는 감동마저 자아낼 만한 별미였다.

— 《미망》, (하) 325쪽

개성의 요릿집은 입에는 진미였고 눈에는 사치일 정도로 화려한 음식들을 내놓았다. 저녁엔 소리 잘하는 기생까지 불러다가 질탕하게 놀 수도 있는 곳이었다. 19세기 말 고급 음식점인 요릿집이 경제 중심지인 개성에 있는 것은 당연한 일일 것이다. 또한 개성 고급 요릿집만의 특별한 음식은 바로 식후의 나른한 식곤증마저 산뜻하게 풀어 줄 홍삼 진액 차와 인삼정과였다. 개성 하면 인삼이라 할 만큼 인삼정과는 개성의 대표적인 상품이다. 과거 인삼은 주로 약용으로 쓰였으나 근대화 과정에서 다양한 인삼 제품이 개발되고 개성의 다양한 부유층이 생겨남에 따라 인삼 제품이 음식점의 후식으로 등장하게 된 것이다. 개성상인들의 실리 추구와 실용성이 인삼 농법 발달뿐만 아니라 인삼 제품 상품화로 이어져 개성 음식 문화를 더욱 풍성하게 했다.

음식을 둘러싼
개성의 풍경

개성상인과 개성 인삼

《미망》은 구한말부터 6·25 전쟁 직후까지 개성을 공간적 배경
으로 하여 개성상인이라는 특수한 계층의 사람들을 이야기하고 있다.
전통 세대를 대표하는 주인공 전처만은 뛰어난 장사꾼 기질로 당대의
거부巨富가 되지만 상도의를 목숨보다도 소중히 여길 줄 아는 전형적
인 개성상인이다. 또한 여성임에도 전처만의 정신적, 물질적 후계자가
된 전태임 역시 할아버지 뜻을 이어받아 개성상인으로서의 전통적 규
율을 잘 지켜 나가는 인물로 작품 전반에 걸쳐 형상화되고 있다.

이렇게 조선 시대 말기 전통 세대에서 일제 강점기 근대화 세대
로 넘어가면서 상인 정신과 인삼 제품은 변화했다. 오랜 시간 전통 세
대들은 신의를 중시하는 상도의를 지키며 인삼을 홍삼이나 백삼 형태
로 유통·판매했다면, 근대화 세대들은 실리를 추구하며 인삼즙과 미
용 제품 등 다양한 인삼 제품으로 개성 인삼을 개발시켰다.

《미망》 속 인삼

	미망(상)	미망(하)
시대	조선말(전통 세대)	일제 강점기 (근대화 세대)
주인공	전처만(남성)	전태임(여성)
인삼 제품	홍삼, 백삼	독삼탕, 백삼, 홍삼, 인삼즙, 인삼정, 인삼차, 인삼 분말, 미용 제품, 보약 원료
상인 정신	상도의(商道義)	실리(實利)
유통	보부상(물물교환) 개성상인(청·일본 무역)	음식점(화폐) 인삼의 가공 상품화

개성상인은 고려 시대부터 활동했으며, 조선 시대에는 고려 사대부 출신이면서도 벼슬을 버리고 상업에 종사하는 개성상인 수가 증가했다. 그들은 당시 상류 사회인으로서 축적된 지식과 천부적인 근면성을 바탕으로 전국 시장을 장악했고, 이들을 일컬어 송상(松商)이라 했다. 개성상인은 신용을 중요시하고 근검절약하는 상인 정신의 소유자였으며 복식 부기 계산법을 고안하여 상업 경영에 활용하는 창의적이면서도 합리적인 상인이었다.▼

개성 인삼이 한국의 대표 인삼이 된 데는 개성의 토양과 기후가 적합하기도 했지만 무엇보다도 개성상인이 국내외 인삼 상업 주도권을 가지고 있어 막대한 상업 자본을 집적할 수 있었기 때문이다. 또한 집적한 자본을 인삼 재배와 가공업에 투입하여 막대한 이윤을 남겼으며, 이 이윤으로 개성상인들은 조선의 경제 전반에 걸쳐 상당한 영향

▼　김병하 지음, 《한국경영이념사》, 계명대학교출판부, 1994, 20쪽.

력을 행사할 수 있었다.▼ 이 영향력은 구한말까지 계속 이어져 대부분의 인삼 상권은 개성상인이 지녔고, 19세기 말 개성의 삼포 농업은 다른 지역과 크게 비교될 정도로 앞서 발전하고 있었다. 즉, 개성상인은 다른 지역 상인들과는 달리 인삼 재배라는 농업을 바탕으로 상업 활동을 해 온 장사꾼임과 동시에 농부이기도 했다. 따라서 장사하는 데 있어서 막대한 이윤을 남기는 것도 중요했지만, 막대한 이윤과 함께 그들이 지닌 무형의 계율인 상도의를 지키는 것 또한 중요시되었다.

개성상인은 투철한 상혼商魂과 폭넓은 조직력을 가지고 전국 장시를 비롯하여 중요한 생산지와 상품 집산지를 연결하는 행상 활동을 벌였다. 개성 인삼은 국내 수요가 높았을 뿐만 아니라 중국, 일본 등지의 중요한 수출품이었으므로 개성상인은 위험을 무릅쓰고 인삼 상업 활동에 적극 참여했다. 이러한 개성상인의 전형적인 모습이 《미망》주인공 전처만을 통해 드러난다. 전처만 역시 인삼 재배를 바탕으로 청과의 밀무역을 통해 거상으로 자리 잡았다. 소설 속 내용으로 구한말 주된 인삼 가공 형태는 재배된 인삼을 햇볕에 말려 건조한 백삼이나 수증기로 쪄서 말린 홍삼이 주가 되었음을 알 수 있다.

《미망》의 또 다른 주인공인 종상은 비록 몰락했지만 엄연한 양반 후손이다. 하지만 근대식 교육을 받고 근대식 문물을 접하면서 양말 공장, 고무 공장 등을 경영하는 새로운 상인 모습을 보여 준다. 양반 자손인 그가 상인이 되는 것에 거리낌을 갖고 있지 않다는 것은

▼   홍순권(1987). 한말시기 개성지방 삼포농업의 전개 양상 (上)–1896년 《삼포적간성책 (蔘圃摘奸成册)》의 분석을 중심으로. 한국학보, 13(4), 4033–4067.

그만큼 개성 지방이 체면이나 명예보다는 실리를 추구하는 독특한 분위기를 지니고 있기 때문이다. 심지어 태임이가 인삼 판매를 통해 벌어들인 돈을 이용하여 종상이 양말 공장과 고무 공장을 세워 경영하는 것을 볼 수 있는데, 이는 인삼 판매로 집적된 자본이 20세기 근대 산업 자본으로 변화하는 것을 보여 주는 예이다. 결국 인삼 재배로 부를 축적한 개성상인들은 그 자본을 20세기 근대적인 산업을 일으키는 데 필요한 자본으로 사용해 근대 자본주의 산업 사회로의 이행을 촉진시켰다.

잔치 음식과 공동체 의식

《미망》에는 설날, 결혼식, 잔치 등 개성 지방의 풍속이 생생하게 재현되어 있다. 입에 군침이 돌 정도로 세밀하고 실감 나는 풍속 묘사를 통해 개성 잔치 음식과 개성 특유의 공동체 의식을 살펴보자.

소설 속 주인공 태임의 어린 시절과 젊은 날을 스치고 지나간 갖가지 다채로운 설 풍경 중에서도 으뜸으로 흥겹고 행복한 추억으로 남아 있는 것은 언년 아범이 떡 치는 모습이었다.

이 집 저 집에서 떡 치는 소리가 철썩철썩 담을 넘어 들려올 무렵에 동해랑 집에서도 마당 한가운데 멍석을 깔고 떡 칠 차비를 했다. 부엌에서 떡밥 찌는 김이 자욱해지면 멍석 위에다 폭이 석 자, 기장이 다섯 자에 두께로 네 치나 되는 큰 떡판과 냉수가 하나 가득 넘실대는 양푼이 놓여지고 머리에 수건을 질끈 동여맨 언년 아범이 떡메를 들고 나타난다. (중략) 태임에게도 언년 아범 떡 치는 구경은 비단 설빔이나 금박댕기하고도 안 바꿀 나이 먹는 기쁨, 명절다운 설렘이었다.

— 《미망》, (하) 140-141쪽

설 하면 가장 먼저 떠오르는 음식이 바로 떡과 떡국이다. 특히 개성에서는 '조롱떡국'이라 하여 명절이나 결혼식과 같은 경사스러운 행사가 있을 때 이 음식을 상차림에 내놓는 것을 고유한 풍습으로 여겨왔다. 조롱이떡은 모양이 예쁠 뿐 아니라 나중에 따로 썰 필요가 없어서 합리성과 실리를 강조하는 개성 지역 특성을 아주 잘 표현해 주는 대표 음식이다. 그리고 손이 많이 가는 조롱이떡 만들기는 어른과 아이가 함께 어우러져 구수한 이야기꽃을 피울 수 있는 사교적인 놀이 문화 중 하나다. 이러한 떡 만들기 행사는 가족, 친지, 이웃 간의 관계가 돈독해지고 마음의 정을 쌓는 매우 의미 있는 공동체 의식이라 할 수 있다.

어른들이 손에 기름을 발라가며 손가락 굵기로 가늘고 길게 밀어 놓으면 계집애들은 그걸 가져다가 날이 무딘 나무칼로 허리를 잘록하게 눌러주면서 잘라내면 꼭 누에고치 모양의 조랑이떡이 되었다. 가래떡에 비해 손이 많이 가는 대신 나중에 썰 필요가 없이 그대로 떡국을 끓일 수 있는 송도 지방 고유의 떡 만들기였다. 손은 많이 가지만 특별한 솜씨를 요하지 않아 어른 아이가 함께 어우러져하면서 구수한 이야기꽃을 피울 수 있는 것도 조랑떡 만드는 재미였다.

— 《미망》, (하) 142쪽

조롱떡국

정월 초하루를 지내기 위해 한 달 전인 섣달 초승 무렵부터 엿, 두부, 떡, 다식, 약과, 강정 등 설음식을 장만하는데 이는 매우 힘든 중노동이었다. 특히 두부는 콩을 타서 물에 불린 다음 곱게 갈아 콩물을 끓이고, 베자루에 넣어 체에 밭쳐 짠 후 간수를 치고, 마지막으로 보자기에 싸서 눌러 만드는 손이 많이 가는 음식이다. 손이 많이 가는 만큼 두부는 전통 한국 음식에서 부족하기 쉬운 단백질을 보충하는 가공식품이자 매우 중요한 명절 음식이기도 했다. 영양 만점 두부는 쉽게 상하기도 하고 만드는 데 많은 노력과 정성이 필요하기 때문에 설 명절이 아니면 쉽게 만들 수 없는 음식이었다. 하지만 개성 사람들은 정성스럽고 맛깔스러운 설음식을 장만해 가족은 물론 설 손님들을 두루 흡족하게 하는 것이 큰 기쁨이었다.

> 섣달 초승께부터 엿 고랴, 두부 만들랴, 떡 치랴, 다식 박으랴, 약과 지지랴, 강정 만들랴, 돼지 잡으랴 설음식을 장만하기 시작해서 보름께까지 계속되는 손님 치다꺼리에서 버릇됐다고 해도 과언이 아니었다.
>
> — 《미망》, (상) 77쪽

> 조랑떡국은 태임이가 예상한 대로 끓이기가 무섭게 부옇게 풀어지고 입천장에 눌어붙었으나 대신 편수를 넉넉하게 빚었고 그 밖의 음식들이 고루 맛깔스럽고 화려하게 되어 식구들뿐 아니라 설 손님들을 두루 흡족하게 했다.
>
> — 《미망》, (하) 144쪽

제사 음식에서도 우리네 공동체 의식을 엿볼 수 있다. 제사 음식에서 빠질 수 없는 것이 바로 떡, 약과, 강정과 같은 한과류다. 우리의 근본이자 생명을 상징하는 쌀로 만든 떡과 한과류를 신에게 올리며 정성을 다해 간절히 소원하는 것이다. 여기에서 떡은 신에게 바치는 우리 마음을 표현하며 신과의 연결을 위해 없어서는 안 될 대표 음식이다.

제사가 끝나고 나면 참석했던 모든 사람들은 제사상 위의 음식을 나눠 먹는데, 이는 제사 음식을 먹으면 액운을 물리친다는 미신에서 기원한다. 만약 참석하지 못한 사람이 있다면 음식을 조금씩 싸 가지고 가기도 했다. 이는 제사 음식은 나눠 먹어야 한다는 습속으로 화된 주술 행위가 공동체 의식을 결속시키는 신통력 있는 음식으로 변형된 것이다. 음식을 같이 나눈다는 것은 곧 동질성을 갖는 것을 의미한다. 이는 한국 사회의 공동체 의식을 형성하는 근간이 되는데 나눌수록 더욱 풍성해진다. 특별히 우리 민족만의 독특한 나눔의 정을 표현하는 데는 음식만 한 매개체가 없다.

독상 차림과 손님 접대

《미망》속 주인공 태임의 결혼식 장면을 통해 개성의 결혼식 풍경도 구경할 수 있다. 혼례 큰머리▼를 이고 아름답게 치장한 태임을 구경하기 위해 동네 사람들이 모여들었고, 이는 동네의 큰 잔치가 되

▼　다른 지역에서는 보통 신부 머리에 족두리를 얹는데, 개성에서는 족두리 대신 큰머리라는 것을 신부 머리에 장식해 시집가는 신부를 화려하게 꾸몄다.

어 하루 종일 시끌벅적하다. 드넓은 집에 가득 찬 손님들을 대접하려면 방과 대청마루만 가지고는 어림도 없어 마당과 후원에도 차일을 치고 교자상을 놓았다. 소문을 듣고 모여든 거지들은 행랑 뜰에 자리를 깔고 따로 상을 봐 주었지만 음식 차별은 하지 않았다. 부엌 가마솥과 뒤란에 임시로 걸어 둔 솥에서는 장국이 설설 끓어 구수한 냄새와 김이 자욱했고, 숙수방에선 숙수들이 아무리 날렵하게 음식을 담아내도 하인들이 나르는 속도를 당해 내지 못했다. 그러나 음식은 없는 것 없이 고루 갖추었을 뿐 아니라 지천으로 풍부했다. 고기나 유과를 행주치마 밑에 감춰 제 집으로 나르는 동네 사람도 못 본 척했다. 손님마다 외상을 차려 주고 남은 음식을 몽땅 싸 주는 게 전처만네 잔치 인심이었다.

또 잔칫날 손님 대접하는 장면을 통해 개성 사람들의 넉넉한 잔치 인심을 엿볼 수 있다. 개성의 잔칫날은 신분이 미천하다고 해서 차별하지 않으며 모두 손님으로 따뜻이 대접하며 남은 음식까지도 몽땅 싸 주는 풍속이 있었다. 개화기 때 반상班常, 양반과 상인을 아울러 이르는 말 신분이 폐지되고 자유와 평등사상이 퍼지면서 계급에 따른 음식 층하가 사라졌다. 특히 활발한 상업 활동으로 누구나 부의 축적이 가능하고 실리 정신이 강했던 개성에서 음식 층하가 없다는 것은 개성 음식의 성장과 발달에 매우 의미 있는 특성이다.

일 년에 한 번 섣달그믐에 고향에 돌아와 전처만과 셈을 보고 집에 들러 설 쇠고 나서 다시 세배 오는 수많은 차인들에게 일일이 독상을 차려 내기로도 유명했다. 독상이라도 차린 음식의 가짓수가 고루 갖추었을 뿐 아니라 담음새가 보기 좋을 만큼 소담했다. (중략) 어른을 모시고 있는 차인들은 먼저 싸 놓고 나서 쌀 수 없는 떡국과 나박지 등으로 요기를 했다. 그건 전처만네서만 통하는 전처만과 차인들 간의 독특한 유대와 친애의 방법이었다.

— 《미망》, (상) 77쪽

　　소설 속 전처만은 자신의 생일보다도 일 년에 한 번 돌아오는 명절을 특별히 여겼다. 그것은 조선 팔도에 골고루 흩어져 그의 돈을 불리고 돈이 될 물산을 조달하는 차인들을 식솔처럼 생각해서인데, 그들이 고향으로 돌아가 가족들과 함께 보낼 수 있는 시간이 가장 큰 명절 설이었기 때문이다. 이렇게 자신의 차인을 챙기는 모습에서 그의 인간적인 유대감과 따뜻한 정을 느낄 수 있다. 인간을 인간답게 대하는 이러한 태도는 특별한 학식이 필요한 도덕적 행위가 아니라 일상생활의 자연스러운 흐름을 가능하게 하는 작은 도덕적 정신이다. 이러한 정신이 개성의 풍속이 되어 소설 속에 담겨 있다.

그리운 개성을 담은 《미망》 밥상

고려 음식은 고려의 수도였던 개성 음식에서 찾을 수 있다. 개성 음식은 최고의 한식으로 이후 서울 반가 음식과 모던 한식으로 이어졌다. 그러나 최근 전통 개성 음식은 사라지고 기억하는 사람도 많지 않다. 이러한 개성 음식이 《미망》 속에 온전히 살아 있다.

앙증맞은 모양을 한 조롱이떡으로 만든 조롱떡국, 개성의 독특한 만두 편수, 맛도 모양도 일품인 보쌈김치 그리고 돼지편육, 호박 김치찌개, 개성 나물로 한 상을 차렸다. 개성만의 특별한 디저트인 개성주악과 특산물 인삼으로 만든 인삼정과, 인삼주도 곁들였다. 한국 밥상의 아름다움은 역시 개성 음식에서 잘 드러난다.

3

박경리《토지》

향토 내음 가득한 경상도 음식

〔 향 〕

《토지》는
어떤
소설인가?

《토지》는 1897년부터 1945년까지를 시대적 배경으로 하고 있다. 이 시기는 국권 수탈이라는 시대적 아픔이 서린 일제 강점기이자 근대화 과정에서 오랫동안 유지해 오던 전통적 삶의 방식이 다양한 양상으로 바뀐 시기이기도 하다. 특히 삶의 근간인 식생활은 이전 시기와는 비교가 되지 않을 정도로 많은 변화가 있었다. 《토지》는 많은 역사적 사건과 다양한 계층의 인물이 엮어내는 대하소설이며, 소설 속 등장인물과 묘사된 풍속은 경상남도 음식 문화 특성을 잘 반영한다.

《토지》 저자인 소설가 박경리(1926-2008)는 경상남도 통영 출신으로 일제 강점기 말에 진주에서 생활했으며 이 지역에 친인척들이 많았다. 그 덕에 《토지》는 당 시대 음식 문화를 반영하는 역사적 사료로 가치가 높다. 그동안은 《토지》의 공간 연구, 가족 이데올로기 연구, 페미니즘 연구 등 인문학적·사회학적 연구가 주였다. 소설 《토지》를 통한 음식 문화사적 연구나 책은 거의 없다. 따라서 이 글에서는 20세기 초 경상남도를 배경으로 한 《토지》의 분석과 해석을 통해 근대화 과정에서 나타난 경상남도 향토 음식 문화의 특성을 알아본다. 우선 3장에서는 경상남도의 향토 음식을 하나씩 살펴보고, 다음 4장에서는 일제 강점기 속 우리의 음식 문화를 이야기해 보고자 한다.

《토지》는 1969년 현대문학에 연재를 시작하여 1994년 8월에 완간된 소설로 다루는 공간은 경상남도 하동 평사리에서 시작하여 만주와 연해주, 일본 동경까지 걸쳐 있다. 경상남도 하동에서 일본 동경까지 다루지만 이를 관통하는 음식 문화는 바로 경상남도 향토 음식이다.

경상남도 하동의 평사리 마을은 지리산을 배경으로 강과 넓은 평야가 펼쳐져 있는 곳이다. 그리고 소설 속에서 이 넓은 평야가 모두 최참판 댁의 땅으로 나오는데, 주인공 최서희에게는 조상 대대로 내려온 가문의 터전이자 고향이며 자신이 지켜야 할 공간이다. 또 그곳에 우뚝 솟은 지리산은 많은 사건을 품어 주는 공간이다. 지리산은 윤 씨 부인이 환이를 낳은 공간이고, 최치수의 눈을 피해 별당아씨와 환이가 도망간 은신처이며, 동학잔당들이 모여 여러 가지를 계획하고 의논한 본거지다. 이후에는 일제의 눈을 피해 들어온 민중들의 삶의 터전이 되고, 길상에게는 생의 새로운 전환점을 마련해 준 관음상을 그릴 수 있는 장소가 된다. 지리산은 사랑이 실현되고 이상이 실현되며, 어려운 시기에 민중의 생(生)이 지탱되는 공간이다.

▼ 3장과 4장 경상도 음식 이야기는 《토지》(박경리 지음, 마로니에북스, 2012)를 참고했다.

115

지리산과 남해를 품은
하동

《토지》1부는 1897년 한가위부터 1908년 5월까지로 러일 전쟁에서 승리한 일본과 을사조약이 체결되고 항일 의병 운동이 일어나는 시기다. 작품에서는 최참판 댁의 몰락과 조준구의 재산 탈취 과정을 그린다. 1부의 공간적 배경은 경상남도 하동 평사리 마을이다. 하동은 지리산 산자락의 넓은 평야를 끼고 있는 지역으로 농가에서는 보리, 고구마, 호박 등을 대용식으로 먹거나 지리산 산채를 이용한 음식이 발달했다.

《토지》1부 경상남도 하동 음식

주식류 (主食類)	밥(飯)	쌀밥, 보리밥, (콩가루 묻힌) 찰밥, 꽁보리밥, 콩밥, 나물밥
	병탕(餠湯)	떡국
	면(麵)	콩국수
	죽(粥)	보리죽, 시래기죽, 팥죽, 호박풀떼기
	탕반(湯飯)	국밥

부식류 (副食類)	탕(湯)	우거짓국
	찌개	된장 뚝배기, 된장찌개
	적(炙)	어포구이
	김치(菹)	김치, 짠 김치
	장(醬)	고추장
기호식 (嗜好食)	떡(餠)	떡, 팥시루떡, 시루떡, 인절미
	술(酒)	막걸리, 매화주
	한과(韓菓)	콩엿, 엿
	과실(果實)	밤, 잣, 대추, 곶감, 감, 참외
	음청(飮淸)	숭늉
식재료 (食材料)	나물류(茱類)	무, 배추, 배추 시래기, 시금치, 고비나물, 죽순, 비름, 호박오가리, 오이, 가지, 배추뿌리, 고사리, 고구마, 칡뿌리, 칡가루, 미나리
	곡류(穀類)	보리, 메밀가루, 옥수수, 조, 수수, 팥, 찹쌀, 보릿가루, 수수알갱이, 차조, 녹두, 깨
	해조류(海藻類)	미역
	어류(魚類)	북어, 건어
	기타	메주, 생청

여름철 별미이자 보양식 콩국수

경상도 사람들은 국수 중에서도 날콩가루를 넣는 칼국수를 좋아한다. 특히 불린 콩을 삶아 맷돌에 갈아 낸 다음 즙을 차게 해서 말아 먹는 콩국수가 인기 있다. 콩국수는 입맛이 없고 땀을 많이 흘리는 여름철 별미일 뿐 아니라 보양 음식이다. 1800년대 말, 경상북도 상주의 반가에서 필사한 조리서《시의전서》에도 콩국수와 깻국수가 언급되어 있다.《토지》에도 여름철 콩국수를 시원하게 먹는 장면이 등장한다.

콩국수

이부사댁 행랑 쪽 뜰 안에 한 그루 감나무가 있었는데 그 감나무 밑에 깔아 놓은 멍석에 앉아서 돌이는 콩국에 만 국수를 먹고 있었다.

(중략)

돌이는 남은 콩국물을 다 마시고 사발을 멍석 위에 놓았다.

"참 씨이원타. 억쇠 마누라 솜씨가 좋아서 언제 와도 음식은 감칫말이 있거든. 니 배고프제?"

(중략)

길상은 사발을 받아든다. 손바닥이 서늘했다. 방금 우물을 길어서 콩국을 한 모양이다. 이부사댁 우물이 차기로는 유명했으니까. 맛보다 시원해서 좋았다.

— 《토지》, 1부 3권, 100~101쪽

1부의 공간적 배경인 경상남도 하동은 내륙 평야 지역으로 콩과 깨를 비롯한 곡식 생산이 많은 곳이다. 또한 남부 지역의 무더운 여름을 이겨 내기 위해 우물물을 길어 시원한 냉 콩국수를 먹는 것은 삶의 지혜였다. 남부 해안 지역은 국수 대신 우뭇가사리를 고아 우뭇국을 만든 다음 채 쳐서 콩국을 말아 시원하게 먹기도 했다.

속 달래 주는 호박풀떼기

호박풀떼기는 경상도뿐 아니라 우리나라 전역에서 즐겨 먹던 것으로 풀떼기란 범벅보다는 묽고 죽보다는 된 음식을 말한다. 풀떼기는 쌀농사보다 밭농사가 발달하여 옥수수, 메밀 등의 잡곡이 많이 나는 내륙이나 산악 지대에서 특히 발달했다. 경상남도 하동 역시 지리산 자락의 내륙 농촌 지역으로 일반 서민들은 팥, 호박 등을 섞어서 걸쭉하고 달콤한 호박풀떼기를 즐겨 만들어 먹었다.

하동 지역의 호박풀떼기는 가을걷이가 끝난 후 말려둔 서리 맞은 호박오가리를 가지고 만든다. 또 경상북도 칠곡군에서는 섣달 16일에 호박으로 죽을 끓여 먹는 풍속이 있었다고 한다.▼ 넓은 평야 지대에서 수확한 생청같이 단 호박오가리에 귀한 찹쌀과 팥을 넣고 푹 고면 생청, 즉 꿀같이 혀가 녹을 정도로 달콤한 호박풀떼기가 만들어지는데 간식으로 일품이었다.

"냠냠해서 호박풀떼기를 좀 쑤었다."

"호박풀떼기요?"

귀녀의 눈이 번쩍하더니 방문을 열고 침을 뱉는다. 김 서방댁은 아랫목에 포대기를 덮어놓은 사기(沙器)를 끄집어낸다.

"금년에는 호박오가리가 우쩌나 달든지 생청 겉더라. 그래서 팥하고 찹쌀하고 넣어서 고았더니 쇠가 설설 녹게 달더고나."

귀녀 목구멍에서 침 넘어가는 소리가 난다.

— 《토지》, 1부 2권, 304-305쪽

귀한 술과 안주로 제격인 매화주와 어포

매화주는 섣달 눈 속에 핀 매화로 술을 빚는 가양주이며 절기주로 분류된다. 경상남도 하동은 지리산 자락과 섬진강 변을 끼고 있어

▼ 국립문화재연구소 지음, 《경상남도 세시풍속》, 2002, 219-985쪽.

기후 조건과 산세 등이 매화 생육에 적합하다. 3월 초 깨끗한 곳에서 채취한 꽃은 씻을 필요 없이 가능한 빠른 시간 내에 술을 빚는 것이 좋다. 생꽃잎은 술을 빚을 때 함께 섞어 빚고, 마른 꽃잎은 술이 다 된 후 베 보자기에 담아 안쪽에 넣어 주거나 술 위에 띄워 매단 뒤 뚜껑을 덮어 하루 이틀 정도 후에 마신다. 《조선무쌍신식요리제법》에는 매화주 담그는 법이 다음과 같이 나온다. 국화주 담그듯이 꽃을 주머니에 넣어 매화의 향기를 즐긴 것이다.

> 매화가 피거든 이울기 전에 짜서 주머니에 느이 국화주 당그는 거와 가티 하나니라.(매화가 피거든 시들기 전에 따서 주머니에 넣고 국화주 담그는 것과 같이 하느니라.)
>
> — 이용기, 《조선무쌍신식요리제법》, 1924

향긋한 매화주와 어울리는 안주는 바로 어포다. 어포는 생선을 얇게 저며 양념하여 말린 것으로 오래전 해산물을 햇볕에 말려 저장해 두고 먹은 데서 유래되었다. 어포를 만드는 방법은 다양하여 잡은 즉시 내장만 빼내 그대로 말리거나 살만 발라서 말리는 방법, 얼리면서 말리는 방법, 소금 간을 해서 말리는 방법, 쪄서 말리는 방법, 양념을 발라서 말리는 방법 등이 있다. 대개 문어와 오징어는 그대로 말리고, 전복과 조개류는 쪄서, 북어는 얼려서, 조기와 대구는 소금 간을 해서 말린다. 어포는 술안주나 밑반찬, 제사 음식으로 많이 쓰인다. 경상남도 하동은 남해안이지만 바닷가가 아닌 내륙 지역이기 때문에 오래 보관할 수 있는 어포를 구하여 귀한 손님을 대접하거나 행사 때 사용했다.

> 길상의 말을 들은 김서방은 아무 말 하지 않았다. 고방 속에서 한참
> 을 부스럭거리던 김서방은 어포를 싼 꾸러미와 매화주가 든 하얀
> 두루미병을 들고 나왔다.
> "불은 심부름 갔다 와서 때고."
> "어디 갑니까?"
> "김훈장 댁에 갖다 드려라. 내일이 그 양반 생신이라니께."
> 길상은 잠자코 두루미병을 받아 목을 잡고 한 손에는 어포 꾸러미
> 를 들었다.
>
> ─《토지》, 1부 3권, 42쪽

사시사철 다양한 나물류

내륙 평야 지방은 봄에는 산나물, 쑥, 냉이, 달래 등의 야생 나물
을 여름에는 오이, 호박, 가지 등의 열매채소를 반찬으로 즐겨 먹었다.
가을이 되면 갈무리한 배추, 무청, 고춧잎, 산나물 등을 저장해 겨울을
준비했다. 경상북도 내륙 지방의 향토 음식이 잘 반영된 1670년경에
나온 《음식디미방》에는 각종 채소 종류 동아, 무, 석이, 표고, 참버섯,
송이, 생강, 가지, 파, 후추, 천초, 오이, 연근, 쑥, 순채, 산갓, 댓무, 숙
주, 도라지, 냉이, 미나리, 두릅, 고사리, 시금치 등이 기록되어 있다.

> "그러세, 고비 너물 생각이 나네."
> "혹시 모르겠소. 당산에 가믄 아직 덜 센 기이 좀 있을란가."

"보시락보시락 살아난께 별눔으 기이 다 묵고 접네."

"동지섣달에 죽순도 구해 온다 카는데, 가서 좀 캐보끼요."

— 《토지》, 1부 1권, 218쪽

춥고 기나긴 겨울을 지나 봄이 오면 산과 들에는 파릇파릇 새싹이 돋는다. 산나물은 우리나라 방방곡곡에서 나는 나물거리로 헤아릴 수 없을 정도로 많다. 수많은 나무와 풀 중에서 이미 우리 조상들은 독이 없는 식물만 가려서 먹는 지혜가 있었다. 산채 가운데 가장 친근한 나물이 고사리다. 원래 고사리에는 브라켄톡신이라는 유독한 성분이 있어 먹을 수 없었지만, 우리 조상들은 고사리를 끓는 물에 삶은 후 말려서 먹었다. 고사리의 유독한 성분은 끓는 물에 삶으면 거의 없어진다고 한다. 고사리와 비슷한 나물로는 고비가 있다. 고사리는 양지바른 야산 언덕에서 자라며 한 뿌리에 한 줄기만 나오는 반면 고비는 그늘지고 습한 곳에 살며 한 뿌리에 여러 개의 줄기가 나오고 땅속에서 나올 때 솜털이 덮여 있다. 또 고비는 고사리보다 훨씬 두껍고 쓴맛이 강해 한 번 데쳐 낸 후 맑은 물에서 충분히 우려낸 다음 조리해서 먹었다.

봄비가 내린 후 대밭에 나가 보면 순이 여기저기 솟아 나온 것을 볼 수 있다. 죽순은 땅속에 있는 대나무 줄기에서 솟아난 순인데 우리나라에서는 기온이 높은 영호남 지역 노지에서만 자란다. 죽순은 유기물이 많은 비옥한 토지와 건조하지 않은 곳에서 자라기 때문에 낙동강을 낀 지리산 자락 경상남도 하동의 죽순은 맛이 좋기로 유명하다. 하동의 죽순 나물은 들깨 가루를 넣어 걸쭉하고 고소한 맛이 특징이다.

나물

미나리는 논이나 도랑 등 물가에서 잘 자라는 채소다. 《조선무쌍신식요리제법》에서 "미나리는 눈 밝은 사람이 깨끗이 다듬고, 씻을 때 놋그릇을 넣어 거머리가 떨어지게 하여 알알이 골라 씻으라"라고 했다.▼ 과거 언양 미나리는 궁중 진상품으로 유명했는데, 이곳의 미나리밭은 모래가 많은 사양토에다가 가지산에서 맑은 물이 내려와 미나리가 잘 자라기 때문이다. 얼음이 녹은 후 연한 싹이 봄볕을 받고 쑥쑥 올라온 3-4월의 봄 미나리가 가장 맛이 좋다.

> 조급한 농가에서는 아낙들 아이들이 들판을 쏘다니며 벌써 쇠어버린 비름을 뜯고, 나물밥, 시래기죽을 쑤었다. 칡뿌리를 캐어다 칡가루를 만들어 저장하기도 했다.
>
> — 《토지》, 1부 2권, 7쪽

쇠비름은 봄이나 여름철 들판에서 많이 난 풀이다. 쇠비름으로 만든 비름나물 반찬은 쌀이 귀했던 시절에 쌀 대신 끼니를 때우기 위해 먹었던 음식 대용이었으며, 흙을 씻어 뜨거운 물에 살짝 데쳐 먹었다. 아삭하고 시원한 맛이 좋아 우리들의 밥상에 빠지지 않고 자주 올라간 반찬이다. 경상남도에서는 밭에서 쇠비름을 채취하여 삶은 후 된장에 무쳐 먹는다. 그리고 칡뿌리도 가루로 만들어 저장해 두고 먹었다.

▼ 이용기 지음, 이성우 편저, 《조선무쌍식신요리제법》, 수학사, 1992, 1670–1736쪽.

오이는 뚝 따서 된장이나 고추장에 찍어 먹어도 좋은 반찬이 된다. 가지는 밥솥에 얹어 부드럽게 찐 다음 쭉쭉 찢어 간장, 마늘, 참기름을 넣어 무치면 훌륭한 여름 반찬이 된다. 또 가지를 갈라서 햇볕에 말려 두었다가 겨울철에 나물거리로 쓰기도 했는데, 대보름에 먹는 아홉 가지 나물 중 하나다. 말린 가지는 불려서 기름을 넉넉히 두르고 볶아서 나물을 만든다. 약간 질기면서 씁쓸한데 날가지와는 전혀 다른 맛을 낸다.

가을이 지나고 겨울이 시작될 무렵 빠지지 않고 하는 음식 연례 행사가 있다. 바로 김장이다. 제철인 배추로 김장을 해서 1년 내내 꺼내 먹는 김치는 우리들의 밥상에서 빠질 수 없는 반찬이다. 배추는 주로 김치를 담가 먹지만 나물이나 다른 반찬을 만드는 데도 많이 쓴다. 억센 겉장은 새끼에 엮어 말려 두었다가 삶아서 우거지 된장국을 끓인다. 한겨울, 농가 처마 밑이나 헛간에 새끼로 엮은 배추 시래기와 무청 시래기가 바람에 와삭거리며 흔들리는 모습은 아주 정겹고 익숙한 풍경이다.

시금치는 1800년대 말《시의전서》에도 기록되어 있듯이 오래전부터 식용되어 온 전통 식재료다. 집 근처 채마밭에는 손쉽게 나물이나 국거리로 사용할 수 있는 시금치가 자랐다. 맛 좋은 시금치 하면 포항초를 떠올린다. 포항초나 해남 섬초, 비금도 시금치는 바닷가 노지에서 적당한 염분과 햇빛을 받아 맛이 깊다. 또 바닷바람이 자연스럽게 뿌리 부분에 흙이 쌓이도록 모래땅을 복토해 주므로 뿌리가 길고 강하면서 빛깔도 보기 좋은 붉은색을 띤다. 바닷바람의 영향으로 위로 길게 자라지 못하고 뿌리를 중심으로 옆으로 퍼지며 자라기 때문에 뿌리부터 줄기와 잎까지 영양분이 고르게 퍼져서 일반 개량종 시금치보다 당도가 높을 뿐 아니라 저장 기간도 길다.

간도 한인 사회 속
해산물

《토지》 2부는 1911년 봄부터 1917년 여름까지의 간도 지역을 다룬다. 이 시기는 간도를 둘러싼 중국과 러시아의 정세가 우리나라에 많은 영향을 미칠 때이며, 작품에서는 용정 대화재 발생으로 시작해 서희의 복수와 귀환 과정에 집중되어 있다. 간도는 도피한 서희가 머무른 장소로, 돌아오기 위한 모든 준비를 했던 곳이다. 지리산이 보편적인 삶의 법칙에서 벗어난 공간이라면 간도는 파격과 새로움의 공간이며, 정착의 땅이 아니라 정거장과 같은 장소였다.

2부에서는 당시 간도 한인 사회韓人社會 모습이 자세히 묘사되고 있는데, 대부분 등장인물이 경상남도 하동 사람들이기 때문에 소설 속 음식 문화는 상당 부분 경상남도 지역 특성이 드러난다.

주식류 (主食類)	밥(飯)	주먹밥, 비빔밥
	면(麵)	국수, 잡채
	죽(粥)	보리죽, 미음, 시래기죽, 강냉이죽
	탕반(湯飯)	국밥
부식류 (副食類)	탕(湯)	해장국, 탕국, 개기국
	볶음(炒)	쇠고기 볶음
	찜(蒸)	생선찜, 삶은 돼지고기
	나물(茱)	잡채, 산나물, 무
	회(膾)	회
기호식 (嗜好食)	떡(餠)	호떡, 개떡, 쑥떡
	술(酒)	막걸리
	음청(飮淸)	중국차, 숭늉
	기타	눈깔사탕, 엿
식재료 (食材料)	콩류(豆類)	땅콩, 콩
	곡류(穀類)	보릿가루, 보리쌀, 수수, 옥수수, 고구마, 강냉이가루
	어류(魚類)	건청어
	육류(肉類)	쇠고기

제사상에는 반드시 탕국

탕국은 제사상에 오르는 중요한 국물로 경상남도 지역에서는 탕수국이라고도 한다. 지역에 따라 쇠고기, 해산물, 두부 등을 넣어 다양하게 끓이며, 경상남도에서는 주로 조갯살이나 문어 등 해산물을 풍성하게 넣어 끓인다.

탕국

"밥맛 떨어지는 데랑이?"

술을 벌떡벌떡 들이켜고, 세 사내는 해장국을 훌훌 마신다.

"제에기, 영산집이 탕숫국 묵을 나이도 아닐 긴데 국 맛이 와 이렇노?"

"국 맛이야 춘하추동 그 맛이제. 내 짐작허니 혓바닥에 바늘 돋쳤는 개비여."

— 《토지》, 2부 3권, 38~39쪽

이렇게 탕국은 제사상에 올리는 음식이기도 했지만 일상 음식으로도 자주 해 먹는 경상남도 향토 음식이다. 통영, 진주 등에서는 제사뿐만 아니라 비빔밥 먹을 때도 탕국을 함께 먹는다고 한다. 경상남도 세시풍속 중 3월 삼짇날이 되면 회치^{해치, 해추}라 하여 마을 사람들이 집집마다 쌀을 걷어 술과 음식을 장만하고 함께 모여 회식을 하는 풍속이 있다.▼ 이때 회치 음식은 비빔밥과 나물 반찬, 탕국과 술이었다고 한다. 회치 장소는 모두 만남의 공간이라는 공통점을 갖는데, 사방이 통해 왕래하기 쉽고 마을과 마을을 연결해 주는 고갯마루라는 특징이 있다.

바로 잡아 바로 먹는 생선회

경상남도는 동해안과 남해안을 끼고 있어 다양한 어패류가 어획

▼ 국립문화재연구소 지음, 《경상북도 세시풍속》, 2002, 911쪽.

어회

된다. 향토 음식으로는 생선 물회가 있다. 포를 떠서 굵게 채 썬 농어, 광어, 노래미 등의 생선과 채 썬 상추, 깻잎, 당근, 오이, 배를 초고추장에 버무리고 해물 육수를 부은 것이다. 또한 멸치회는 생멸치를 막걸리나 술지게미에 담갔다가 살만 발라내어 쑥갓, 미나리, 부추, 양파에 초고추장을 넣어 무친 것이다. 식성에 따라 유자청이나 산초 가루를 첨가해 먹기도 한다.▼

　가을철 생선으로는 광어, 볼락, 갈치, 전어 등이 있다. '가을 볼락 등 터진다'는 말이 있듯이 볼락을 구우면 등이 터질 정도로 살이 단단히 차 있다고 한다. 그리고 전어는 '전어 머리에 깨가 서 말'이라는 말처럼 가을철에는 전어 구이와 회가 고소하다.

말려 두고 먹는 건청어

　청어는 기름진 겨울철 생선으로 우리나라 삼면의 바다에서 모두 잡혀 서민이 즐겨 먹었던 생선이다. 청어 말리는 법은 지방마다 다른데 경상도에서는 간을 약하게 하여 부엌에 매달아 놓고 솔잎 땔 때 나오는 향연으로 훈제해 말렸다. 경상북도 지역에서는 이를 '과메기'라고 불렀는데, 과메기라는 말은 청어의 눈을 꼬챙이로 꿰어 말렸다는 관목貫目에서 유래한다. '목'을 포항 지역 방언으로 '메기'라고 발음하여 관목이 '관메기'로 변하고 다시 ㄴ이 탈락하면서 '과메기'로 굳어졌다.▼▼ 청어는 고등어, 꽁치와 함께 등 푸른 생선으로 유명하다. 영

▼　　농촌진흥청 지음, 《전통 향토 음식 용어 사전》, 교문사, 2010, 155–230쪽.

▼▼　　Hwang, G. I.(2001). A Specialized stratagem for autonomous community. 地方行政, 50(578), 91–95.

남 해안 지방에서는 부녀자들이 날을 받아 청어 알을 먹으면서 청어 알만큼이나 풍성한 다산을 기원하는 행사가 있었다고 한다.

"모녀간에 인심도, 누가 뺏아갈라 카요?" 하면서도 임이는 보따리 한 곁을 재빨리 걷어 젖힌다. 쇠고기 꾸러미, 간청어가 한 뭇, 과일에서 나물거리, 푸짐하다. 마치 제사장을 봐 온 것 같다. 임이의 입이 헤벌어진다.

"오래간만에 숫정 풀겠소."

"너거 집에 갈 기이 어디 있노? 국이나 끓이거든 한 사발 얻어 묵고 가거라."

"어매도 참 너무하요. 사위 생각도 좀 안 하고요?"

"가지가믄 니 서방 입으로 들어가겄나? 니 아가리 들어가기도 모자랄 긴데."

〈중략〉

딸의 손을 밀어내며 임이네는 마지못해 쇠고기를 조금 썰어서 내밀고 짚으로 엮은 간청어 한 마리를 빼내 준다.

― 《토지》, 2부 3권, 244쪽

이처럼 경상남도는 풍부한 해산물을 바탕으로 독특한 해물 음식이 발달했고, 그러한 특성이 《토지》에 잘 나타나 있다. 비슷한 시기인 1908년부터 1910년까지 전국을 직접 돌아다니면서 조사하고 정리한 《한국수산지韓國水産志》에도 이 시기의 경상남도 음식 특성이 잘 나타나 있다. 《한국수산지》에 따르면 조선 시대 1년간 어획고와 비교하

135

여 경상남도에서 많이 잡히는 어패류는 대구 147%, 홍합 105%, 고래 100%, 청어 36%, 멸치 27%, 도미 16%, 미역 35%, 해삼 6% 등이라고 한다.▼

▼ Shin, B. B.(2010). Fishery's Situations of Busan, Gyeong-Nam in The Chronicle of Korean Fisheries – Compared with Booklet of Gyeongsangnam Province's Situations (慶尙南道道勢要實). Korea Council of Humanities & Social Research Institute, 11(2), 55–83.

풍성한 식재료가 가득한
진주

　　《토지》 3부는 1919년 3·1 운동 이후부터 1929년 광주 학생 운동 무렵까지로 주인공 서희가 토지와 집을 되찾은 후 삶의 목적을 자녀들에게 집중시키는 시기로 그려진다. 3부에는 당시 서민들의 삶과 지식인들의 모습이 잘 그려져 있다. 3부의 공간적 배경인 경상남도 진주는 서희가 새롭게 잡은 터전이며 후손들이 살아가게 될 미래성을 지닌 땅이기도 하다. 시간적 배경은 일제 지배하에 자본주의화와 경제적 억압이 도시를 중심으로 펼쳐지고 있던 때로 진주를 중심으로 당시의 도시 중심적인 식생활 모습이 반영되어 있다.

《토지》 3부 경상남도 진주 음식

주식류 (主食類)	밥(飯)	쌀밥, 보리밥, 콩밥, 비빔밥
	탕반(湯飯)	국밥
	병탕(餠湯)	떡국
	면(麵)	국수

부식류 (副食類)	탕(湯)	선짓국, 설렁탕
	포(脯)	통대구, 약대구
	김치(菹)	김치
기호식 (嗜好食)	떡(餠)	떡, 시루떡, 쑥떡, 좁쌀떡, 반달떡, 고사떡
	술(酒)	술, 황주, 막걸리, 소주, 정종
	과실(果實)	밤, 대추, 사과, 백도, 수박, 참외
	기타	커피, 빵, 생과자, 캐러멜
식재료 (食材料)	나물류(菜類)	무, 배추, 시금치, 고비나물, 죽순, 비름, 호박오가리, 오이, 가지, 고사리, 미나리
	곡류(穀類)	잡곡, 쌀, 보리, 콩, 고구마
	어류(魚類)	대구, 어란, 낙지, 문어
	육류(肉類)	닭
	기타	소금

선짓국과 함께 먹는 진주비빔밥

3부에는 진주에서 쪼깐이라는 여인이 하는 쪼깐이 집이 나오는데, 여기서 파는 비빔밥이 바로 그 유명한 진주비빔밥이다. 또 최남선의 《조선의 상식》에는 "지방마다 유명한 음식은 어디의 무엇입니까?"라는 질문에 "진주의 비빔밥이 이름난 것이다"라고 대답한다.

쪼깐이집이 어디냐고 물어서 강쇠는 찾아갔다. 마당 한구석에 짐을 내려놓고 가겟방으로 들어간 그는 "여기 비빔밥 한 그릇 주소."
서울네가 힐끗 쳐다본다.
심부름하는 아이가 밖을 향해 "비빔밥 하나아!" 하고 소리를 질렀다.
"아니 술부터 먼저 주소. 무신 술이 있노."

138

아이한테 묻는다.

"소주, 정종, 탁배기도 있소."

"소주를 도라."

— 《토지》, 3부 3권 142~143쪽

진주비빔밥은 나물을 여러 가지 넣어 꽃같이 아름답다 하여 화반花飯이라고 부르기도 한다. 주로 계절 채소를 숙채熟菜, 익혀서 무치는 것로 마련하는데 무칠 때 보얀 국물이 나올 때까지 손으로 잘 주물러야 맛이 제대로 난다. 진주비빔밥은 콩나물 대신 숙주나물을 쓰는 것이 특징이다. 또한 진주비빔밥의 독특한 맛은 사골 국물로 밥을 짓는 데 있다. 먼저 사골 국물을 육수로 하여 전통 무쇠솥에 장작불로 밥을 짓고, 계절에 따라 나는 신선한 지역 나물을 숙채한다. 그다음 색상이 선명하고 신선한 육회를 골라 가늘게 썬 다음 참기름을 더한다.

꽃처럼 예쁜 진주비빔밥과 함께 곁들이는 국으로는 보탕국과 선짓국이 있다. 보탕국은 바지락을 곱게 다져서 참기름으로 볶다가 물을 약간 붓고 끓인 뒤 소금으로 간을 맞춘다. 선짓국은 살코기와 선지, 간, 허파, 천엽, 내장을 푹 곤 국물에 도톰하게 썬 무와 콩나물, 대파를 넣어 만든다. 해장국은 지역 특산물을 넣어 만든 가장 보편적인 한국음식이다. 진주는 예로부터 넓은 평야에 소를 많이 길러 사골과 육회를 이용한 진주비빔밥 그리고 쇠뼈다귀와 부산물을 푹 고아서 된장을 섞고 배추 우거지 등 여러 채소를 넣어 끓인 선짓국이 유명하다. 시원한 맛이 일품인 선짓국은 해장국으로도 그만이다.

마지막으로 상 차리기는 놋그릇에 사골 국물로 잘 지은 밥을 담은 후 장만해 놓은 나물을 꽃 모양으로 담고, 여기에 속대기라는 푸른 해초를 얹는다. 그런 다음 얇고 가늘게 썬 야들야들한 육회를 얹고 참기름을 몇 방울 떨어뜨리고, 보탕국이나 따끈한 선짓국으로 함께 상을 차린다.▼

각종 경조사에 빠지지 않고 올라간 떡

경상도는 내륙과 바다를 끼고 있어 농촌의 세시풍속과 어촌의 세시풍속이 공존하는 곳이다. 지금까지도 몇몇 지역에서는 풍신제라는 별신굿을 하기도 한다.

초하루부터 열아흐레까지 어항인 통영은 어느 지방보다 풍신제가 성행하는 곳이다. 고사는 상청님이 내려온다는 초하루, 상청님이 올라가고 중청님이 내려온다는 아흐레, 중청님이 올라가고 하청님이 내려온다는 열나흘, 그 어느 날이든 한 번 택하여 지내는 것이지만, 또 각기 고사날이 일정하지 않기 때문에 약 이십오 일간은 이 집에서 저 집으로, 저 집에서 이 집으로 계속하여 시루떡, 쑥떡, 좁쌀떡, 반달떡, 고사떡이 오가는 분주하고 흥겨운 달이기도 하다.

— 《토지》, 3부 2권, 234~235쪽

우리 조상들은 철마다, 각종 경조사 때마다 떡을 해서 이웃과 나

▼　진주문화원 지음, 《진주의 역사와 문화: 역사와 전통이 살아 숨 쉬는 고장—진주》, 진주문화원, 2001, 157쪽.

뉘 먹었는데, 그중에서도 시루떡은 가장 많이 해 먹는 친근한 떡이었다. 붉은팥 시루떡은 시월상달에 고사 지낼 때 올렸는데 주술적인 뜻이 담겨 있기도 하다. 《조선무쌍신식요리제법》에서는 팥떡을 "쌀이 두 되면 붉은팥 한 되쯤이 필요하다. 밥 짓듯이 팥에 물을 붓고 한소끔 끓인 후에 좀 두었다가 팥알이 다 퍼진 후에 다시 뭉근하게 불을 때었다가 퍼내어서 소금을 넣고 주걱으로 으깨어 놓는다. 방아 찐 멥쌀가루에 찹쌀가루를 조금 넣고 물을 내려야 좋다"라고 했다.

경상남도 진주에서는 단옷날에 먹는 쑥은 약쑥이라 이날 쑥떡을 먹으면 몸이 건강해진다고 믿었다. 또 정월 7일은 인일人日, 사람 날이라고 하여 이날 떡을 해 먹으면 가족들이 무병장수한다고 믿었다. 이날 해 먹는 떡을 '인떡'이라고 한다.▼ 2월이 오면 경상도에서는 영등제라는 고사를 지낸다. 문전에 황토를 깔고 대문이나 삽짝에 푸른 잎이 달린 댓가지 몇 개를 꽂은 금줄을 건 뒤 병에 걸린 사람 등 부정한 사람의 출입을 금한다. 마을의 풍년과 집안의 평안을 기원하는 이 고사는 엄격한 유교식 제사와는 다르게 무당이 춤과 노래를 곁들인 굿을 하며 축제 분위기를 낸다. 이때 시루떡, 쑥떡, 좁쌀떡 등 다양한 고사떡을 나눠 먹으면서 이웃과의 공동체 의식을 다지며 농한기를 보내는 것이다.

천혜의 조건이 만들어 낸 과일

일제 강점기 경상남도 지역의 인구수가 기록된 《경상남도도

▼ 국립문화재연구소 지음, 《경상남도 세시풍속》, 2002, 219~985쪽.

세요람^{慶尚南道道勢要覽}》 자료에 따르면 1909년 경상남도 총인구수는 마산 118,221명, 진주 91,041명, 김해 82,301명, 밀양 81,874명, 울산 76,694명, 함안 74,495명, 부산 71,114명 순으로 기록되어 있다.[▼▼] 이로 미루어 보아 당시 진주는 마산 다음으로 많은 인구를 가진 지방의 중소 도시임을 알 수 있다. 일제 지배하에 자본주의화, 근대화와 함께 지방의 중소 도시들이 생겨나기 시작했으며, 중소 도시에서는 산지에서 물건을 다량으로 실어다 도매업을 하는 유통업이 활성화되었다. 진주는 교통의 거점 지역으로서 상업 활동이 활발한 중소 도시로 성장했다.

> 사회적으로 간호부라는 지위가 그리 존경받을 만한 것은 못 되지만 서민층의 여자로서는 출세한 것이며 소학교를 나왔다는 것도 서민층 여자치고는 상당한 학벌이다. 하여 집안에서 위함을 받아왔던 숙희, 장차 의사 사위를 본다는 꿈 때문에, 그리고 과일 가게를 하며 아버지와 동생이 번갈아서 여름 한철은 진주의 유명한 백도(白桃), 수박, 참외 등을 외지로 실어가서 팔고 겨울 한철은 대구에 가서 사과를 실어다 진주서 도매를 하고, 부자가 부지런히 뛰었기 때문에 살림은 넉넉한 편이어서 정윤의 뒷바라지를 반대하지 않았었다.
>
> ―《토지》, 3부 4권, 239-240쪽

▼▼ Shin, B. B.(2010). Fishery's Situations of Busan, Gyeong-Nam in The Chronicle of Korean Fisheries — Compared with Booklet of Gyeongsangnam Province's Situations (慶尚南道道勢要實), Korea Council of Humanities & Social Research Institute, 11(2), 55-83.

경상남도 진주는 소백산맥 지맥의 산지부와 남부 지역의 평지부, 낮은 구릉성 저평지가 펼쳐져 있다. 또 낙동강 지류支流인 남강이 서쪽에서 동쪽으로 시의 북부 중앙을 곡류하면서 유역에 비옥한 충적 평야가 형성되어 있다. 기후는 대체로 온난다습한 해양성 기후 특성을 보인다. 이러한 천혜의 자연조건으로 예부터 곡식뿐만 아니라 당도와 향이 뛰어난 과일도 진주의 명물이 되었다. 실제로 토양에 게르마늄 함량이 높아 양질의 기능성 농산물 생산이 유리하다고 분석되기도 했다.[*]

진주에서는 음력 유월 보름날, 술과 고기를 장만하여 계곡이나 수정水亭을 찾아가 풍월을 읊으며 하루를 보내는 유두연流頭宴을 즐겼다고 한다. 유두 무렵에는 새로운 과일이 나기 시작하므로 수박과 참외 등을 따고 국수와 떡을 만들어 사당에 올려 제사를 지냈는데, 이를 유두천신流頭薦新이라고 했다. 이와 같이 진주는 천혜의 자연조건과 그 산물을 누리고 즐기는 여유로운 인문 환경을 바탕으로 더욱 풍성한 전통 향토 음식을 발달시켰다.

여름철 시원하게 즐긴 챗국

챗국은 무와 오이 같은 것을 채로 썰어 만 찬국을 말한다. 예부터 더운 여름에는 시원한 챗국, 무침, 쌈을 즐겨 먹었고, 겨울철에는 뜨거운 국물과 찌개를 즐겨 먹었다. 경상도에서 여름철 즐겨 먹은 챗

[*] Lee, S. J.(2005). History of Jinju Area under the Japanese Colonial Rule, Park Kyong-ni's Toji, Korean J. The Learned Society of Korean Modern Literature, 27, 95–131.

국은 생된장을 풀어 간을 한다. 시원한 물에 잘 익은 노란 된장을 주물러 으깨고 갓 찧은 마늘, 파를 넣은 후 텃밭에서 구할 수 있는 상추, 배추, 오이 등을 잘게 썰어 말아 차갑게 먹는 국이다.

"더디네 더디네 오늘 점심이 더디네 미나리 챗국에 맛본다고 더디네 더디네 더디네 오늘 점심이 더디네 진주오미 옥돌이 옥돌이라고 더디네 삼천포라 고기 잡아 회치느라고 더디다 더디네."

위 민요는 경상남도 진주시 미천면에 전승되는 모내기 노래다. 민요를 통해서도 여름철 미나리 챗국을 즐겨 먹었음을 살펴볼 수 있다. 《토지》에서는 챗국이 먹는 음식으로 등장하지는 않고 악인 역할 김두수를 "노린재 챗국 마신 상을 했으나"로 표현하고 있다. 노린재는 사람을 쏘거나 물지 않지만 고약한 냄새를 풍겨서 사람에게 불쾌감을 준다. 이렇게 고약한 냄새를 풍기는 노린재로 만든 챗국을 마신 상이니 김두수의 인상이 얼마나 고약했는지를 알 수 있는 표현이다.

산해진미를 즐긴
음식 문화

《토지》 4부는 1929년부터 1938년까지 만주사변, 난징 대학살에 이르는 시기까지로 길상의 출옥과 그 외 인물들의 일이 다원적으로 그려진다. 4부의 공간적 배경은 진주, 하동, 지리산 일대뿐만 아니라 조선의 경성, 일본의 동경 그리고 만주에 이르기까지 매우 광범위하다. 《토지》 4부에 나타난 음식 및 식재료를 표에 분류하여 정리했다. 일제 강점기 속 경상남도 하동일대와 진주의 음식 문화 특성을 살펴보자.

《토지》 4부 일제 강점기 속 경상남도 하동과 진주 음식

	밥(飯)	등겨밥, 싸라기밥, 보리밥
주식류 (主食類)	탕반(湯飯)	국밥
	면(麵)	우동
	죽(粥)	밀죽

부식류 (副食類)	탕(湯)	냉잇국, 시래깃국, 조갯살 된장국, 미역국, 해장국
	찌개	된장 뚝배기
	적(炙)	조기구이, 자반구이
	찜(蒸)	낙지찜, 가자미찜, 계란찜, 영계백숙
	전(煎)	생선전
	볶음(炒)	꿩고기 볶음
	나물(菜)	산채나물, 고사리나물, 시금치나물, 콩나물, 조갯살 나물무침
	김치(菹)	무김치, 햇김치, 김치, 단무지, 오싱코(야채절임)
	자반(佐飯)	마른대구, 파래무침
	젓갈(醢)	대구아가미젓, 굴젓, 대구알젓
	장(醬)	고추장, 된장, 간장, 초장
기호식 (嗜好食)	떡(餠)	찰떡, 시루떡, 쑥버무리
	술(酒)	술, 매화주, 머루주, 참꽃술(진달래술), 소주, 양주
	한과(韓菓)	화전
	과실(果實)	수박, 참외, 복숭아
	음청(飮淸)	커피, 숭늉, 홍차, 녹차, 오렌지 주스
	기타	눈깔사탕, 센베이, 모리가나, 국화빵, 고구마
식재료 (食材料)	나물류(菜類)	고추, 배추, 김장배추, 콩, 도라지, 마늘, 고구마
	곡류(穀類)	찰수수, 찰조, 찹쌀, 녹두, 삶은 보리, 보리쌀
	어류(魚類)	간조기
	육류(肉類)	까투리
	기타	흑설탕, 미린

《토지》의 배경이 되는 경상남도 하동 일대와 진주는 지리산과 가깝다. 《신증동국여지승람新增東國輿地勝覽》에는 진주목 산천山川의 특징 중 하나로 지리산을 꼽았으며, 이륙李陸의 유산기遊山記를 인용하여 "지리

산 밑에는 감, 밤나무가 많고 조금 위에는 모두 느티나무다. 아름다운 나물과 이상한 과실이 딴 산보다 많아서 산에 가까운 수십 고을이 모두 그 이익을 입는다"라고 했다.▼

아름다운 참꽃술과 흔했던 꿩고기

《토지》에는 매화주, 머루주와 함께 참꽃술이 나온다. 그리고 육류 식재료로 꿩고기가 여러 번 등장한다. 경상도에서 참꽃과 꿩고기가 중요한 식재료였던 모양이다. 그럼, 참꽃술은 무엇일까? 먹을 수 있는 진달래꽃을 두고 참꽃이라 불렀으며, 이 꽃잎으로 술을 담가 만든 것을 참꽃술이라 하였다. 조선 시대에는 참꽃잎이나 향료를 이용하여 빚은 약주를 가향주加香酒라 하고, 서유구의 《임원경제지林園經濟志》에는 향양주香釀酒라는 이름으로 나온다. 이는 순곡주 재료에다 향이 나는 재료를 넣어서 함께 빚거나 이미 빚은 곡주에 가향 재료를 침지시켜 향을 극대화한 술이다.

조선 중기 경상북도 안동 지방의 조리서 《수운잡방需雲雜方》에는 참꽃술인 두견주杜鵑酒가 소개되어 있다. "두견화가 필 무렵, 찹쌀과 멥쌀 각각 3말씩을 쪄서 탕수 5말에 섞어 말아 두었다가 차게 식으면 먼저 담갔던 술에 섞어 담는다. 꽃받침이 없는 날꽃을 독 밑에 많이 깔고 술을 켜켜이 섞어 넣은 후, 또 그 위에 날꽃을 많이 덮는다. 그리고 동도지 세 가지를 꽂고 단단히 봉해 둔다. 4월이 될 때까지 동도지는 그

▼ 민족문화추진회 지음, 《신증동국여지승람(IV)》, 민문고, 1989, 181~185쪽.

냥 두었다가 술 위에 뜬 막을 걷어 낸다"라고 했다.▼▼ 진달래꽃과 찹쌀로 빚은 진달래술은 향취가 좋고 한두 잔 마시면 혈액 순환을 촉진시키는 데 도움을 준다고 한다. 또 혈중 콜레스테롤을 낮춰 혈압, 피로 해소, 류머티즘 치료 등 약리적 효능이 있다고 알려져 있다.▼▼▼

또 꿩고기도 많이 나오는데 사냥으로 꿩을 많이 잡았기 때문이다.《토지》에서도 해거름에 몽치가 씩씩거리며 까투리 한 마리를 들고 왔다며 저녁으로 이 까투리 고기를 볶아 먹었다는 구절이 나온다. 이로 미루어 보아 당시에는 꿩 사냥을 많이 하고 주로 닭볶음처럼 꿩 볶음을 만들어 먹었던 것을 알 수 있다.

옛날에는 야생 꿩이 많아 고조리서에 꿩으로 만든 음식이 자주 나온다. 꿩은 사냥하기에 좋아 음식에 가장 많이 쓰는 조류였다. 1680년경 쓰인 저자 미상의 한문 요리 책《요록要錄》에는 '진주탕'이 나오는데 콩알만 하게 저민 꿩고기가 마치 진주알처럼 보인다고 해서 붙인 이름이다. 이 진주탕은 꿩고기를 콩알만 하게 저며서 밀가루를 묻혀 양념 섞은 장즙에 삶아 내는 일종의 맑은 장국이다. 또 꿩고기를 얇고 가늘게 썰어 메밀가루를 묻히고, 꿩고기 삶은 물에 간장을 넣어 국으로 만든 것을 진주편이라 하며, 이 요리는 1800년대 중엽의 저자미상 조리서인《역주방문歷酒方文》에 기술되어 있다.

▼▼   김유 지음, 윤숙경 편역,《수운잡방 주찬》, 신광출판사, 198쪽.

▼▼▼   Kim, M., Jones, A. D., & Chung, T. Y. (1996). Antioxidative activity of phenolic acids isolated from Jindalrae flower (Rhododendron mucronulatum Turzaninow). Applied Biological Chemistry, 39(6), 506–511.

구수한 맛이 일품인 시래깃국

시래깃국을 경상도에서는 '시락국'이라고 부른다. 시래기는 배추 잎이나 무청을 새끼 따위로 엮어 말린 것을 말한다. 김장을 많이 하던 시절에는 김장하고 난 뒤 남은 배추 겉대와 무청이 많았는데, 이를 새끼로 엮어 그늘지고 바람이 잘 통하는 처마 밑에 매달아 말려서 먹었다. 그리고 채소가 귀한 겨울철에는 말린 시래기를 된장국이나 찌개 건더기 또는 나물 반찬으로 만들어 요긴하게 먹었다. 《토지》에서는 영산 댁이 사기 속에 담가서 불려 놓은 무시래기를 바가지에 건져 내곱게 다지고, 국솥에다 된장과 함께 바락바락 주무르고, 뜨물을 붓고 멸치 한 줌을 집어넣는다며 시래깃국 끓이는 법을 자세히 설명한다.

경상도식 시래깃국은 배추보다는 무청을 이용한다. 된장과 함께 뜨물을 붓는데 이때 맹물보다는 쌀뜨물 같은 뜨물을 넣으면 맛이 더 부드럽고 국물도 진하다. 쌀뜨물에는 비타민 B1, B2, 필수 아미노산, 전분 등이 녹아 있어 맛은 물론 국의 영양가도 높여 준다. 또 시래깃국의 국물 맛을 좌우하는 것은 멸치다. 멸치는 난류성 어류이기 때문에 겨울에는 남쪽 바다 멀리 나가 있다가 봄이 되면 쿠로시오 난류를 타고 남해안에 온다. 예부터 멸치는 경상남도 남해에서 많이 나고 남해의 것이 맛있다고 한다. 이렇게 맛있는 멸치를 한 줌 넣어 끓인 시래깃국은 개운하고 구수한 맛이 일품이다.

버릴 것 하나 없는 알짜 생선 대구

대구는 머리가 크고 입이 커서 대구大口 또는 대구어大口魚라고 부른다. 비린 맛 없이 담백해서 오래전부터 많은 사람이 즐겨 먹었다.

시래깃국

1715년 홍만선이 지은《산림경제》에서는 "대구의 알에 간을 해 두면 맛있고 담백하여 먹기 좋다. 동월冬月에 반건半乾한 것이 아주 좋다"라고 했다.▼ 또 빙허각 이씨가 지은《규합총서》에서는 "대구는 동해에서만 나고 중국에는 없기 때문에 그 이름이 문헌에는 나오지 않으나 중국 사람들이 진미라 하였다. 북도 명천의 건대구가 유명하다"라고 기록되어 있다. 현재도 부산 명물 음식으로 뽈국과 뽈찜이 있다. 이는 대구 머리로 만든 음식인데 살이 꽤 붙어 있어 먹을 만하고, 뼈와 함께 끓여서 국물이 아주 시원하고 깔끔하다. 그리고 대구 알과 아가미, 창자로는 젓갈을 담근다.

대구를 말린 대구포는 오래전부터 만들어 온 가공 식품이며, 소금에 절였다가 등을 갈라서 한 장으로 펴서 말린 것으로 잔칫상이나 제사상에 고인다. 1670년경 장계향이 펴낸《음식디미방》에서는 대구 껍질을 삶아 가늘게 썰어서 무친 것을 '대구 껍질채'라 하였고, 또 대구 껍질로 파를 만 '대구껍질 강회'도 나와 있는데 밀가루 즙을 섞은 초간장에 찍어 먹는다고 했다.

《토지》에서는 통대구와 약대구를 구분 못 하고 훔쳐 온 이야기가 재미있게 펼쳐진다. 인용문에서와 같이 통대구는 건대구로 내장을 빼서 말린 것이고, 약대구는 어란을 둔 채 소금을 많이 뿌려서 여름 술안주를 위해 말린 것으로 그 자체로 귀한 약이 되었다. 이렇게 대구는 다양한 명칭으로 불렸으며 알뜰하게 대구를 챙겨 먹는 것으로 보아

▼　홍만선 지음, 이성우 편저, 《산림경제(山林經濟)》 수학사, 1992.

(위)약대구와 (아래)건대구 (출처: 야소주반)

경상도에서 매우 중요한 생선이었음을 알 수 있다.

> "그 자석들 대구 한 손 돔바(훔쳐) 올라 캤는데, 하마 올 기구마
> 는."
> "밤새 물 마시러 댕기노라 잠도 못 잘 거 아니가."
> "허허헛…… 그런 일이 한분 있기는 있었제. 그때는 통대구 가지
> 온다는 기이 그놈 아아 엉겁결에 약대구를 걸어 와서 허허헛……."
> 웃으면서 근태는 침을 꿀꺽 삼킨다.
>
> ― 《토지》, 3부 1권, 72-73쪽

음식 간은 기후에 따라 달라진다. 따뜻한 남쪽 지방에서는 음식
이 빨리 상하는 것을 막기 위해 소금 간을 많이 한 음식을 즐겨 먹었
고, 특히 짠맛이 강한 젓갈 종류의 음식이 발달했다. 젓갈은 어패류를
염장한 것으로 오랫동안 보관이 가능하다. 여러 생선과 새우, 조개 등
에 소금을 약 20% 섞어서 절인 다음 수일, 수개월 동안 저장하면 특유
의 맛과 향을 내게 된다. 젓갈은 숙성되는 동안 미생물이 발효하면서
생기는 유리아미노산과 핵산 분해 산물이 상승 작용을 일으켜 특유의
감칠맛이 난다. 작은 생선뼈나 갑각류 껍질은 숙성 중에 연해져서 칼
슘의 좋은 급원 식품이 되기도 한다.

경상도에서는 예부터 대구가 많이 잡혀 대구 아가미로 담은 젓
갈이 유명하다. 대구에서는 이 젓갈을 구모젓 또는 대구아감젓, 장지
젓이라 한다. 대구 아가미젓은 대구 아가미에 내장을 합하여 소금에
절인 뒤 두 달 정도 두었다가 먹는데, 이때 무 절인 것과 함께 버무려

반찬으로 먹기도 한다. 예전에는 대구 아가미젓이 귀한 음식이라 흔히 먹지 못했는데,《토지》에서도 농사꾼 집에서 그런 것을 담가 놓고 먹을 리 없으며 귀한 손님을 위해 사 온 것이라는 구절이 나오기도 한다.

> 반주 한 잔을 마신 영팔노인은 숟가락을 들어 간장부터 떠먹는다. 판술이는 홍이 술잔에 술을 붓고 홍이는 술병을 받아서 판술이 술잔에 술을 붓는다. 궁하지는 않지만 그렇다고 넉넉한 살림은 아니었는데 잘 차린 점심상이었다. 몸이 성해서 처음 찾아온 홍이를 위해 마음먹고 장을 보아 오게 한 듯 노릇노릇하게 구워진 조기, 산뜻하게 무쳐 낸 고사리, 시금치, 콩나물, 마른 가자미는 실고추를 발라 쪄내었고, 대구 아가미젓엔 반듯반듯한 무 조각, 굴젓 그리고 조갯살을 넣어 갈쭉하게 끓인 된장국, 그 밖에 생선전, 햇김치, 계란 찐 것, 모두 먹음직스럽다.
>
> ─《토지》, 4부 1권, 341쪽

젓갈은 수산물이 가장 많이 잡힐 때 염장을 하므로 지방마다 담그는 종류와 시기가 다양하다.《토지》5부에 등장하는 식재료 중 경상남도 전통 향토 음식으로 유명한 젓갈은 멸치젓, 홍합젓, 볼락젓 등이 있다. 경상남도는 멸치가 많이 잡혀 멸치젓이 유명한데 봄철에 담근 것은 춘젓, 가을에 담근 것은 추젓이라고 한다. 홍합젓은 홍합 잔털을 떼고 깨끗이 손질하여 무를 섞어서 담근 젓으로 가을이나 겨울에 경상남도 해안 지방에서만 담근다. 무를 납작하게 또는 채로 썰어 고춧가루로 버무린 다음 홍합과 다진 파, 마늘, 생강, 소금을 넣고 무쳐서 항아리에 담아 일주일쯤 두면 익는다. 볼락젓은 뽈래기젓이라고도 하며 도미처럼 생긴 작은 볼락어를 골라 씻은 다음 소금을 켜켜이 뿌린다. 주로 가을철에 담가 다음 해 여름철에 먹어야 제 맛이 난다. 예전에는 보리타작이나 모 심기 무렵의 좋은 밑반찬이었다고 한다.

송나라 사신 서긍이 쓴《고려도경高麗圖經》에는 굴과 대합에 대한 이야기도 나온다. 굴과 대합은 조수가 빠져도 나가지 못하므로 고려 사람들이 힘껏 주워 거두어들여도 없어지지 않는다고 했다.▼ 경상남도 해안가에서는 굴이 잘 자란다. 굴은 오랜 옛날부터 쉽게 얻을 수 있는 식품이었으며, 선사 시대의 패총에 그 흔적이 종종 남아 있다. 굴을 키울 수 있는 환경 조성하는 방법은 오래전부터 전해 내려왔으며, 경상남도 통영은 굴을 붙인 조가비를 길게 늘어뜨려 키우는 수하식 방법이 발달했다.

> 오가다는 술잔을 내려다보고 있다가 환약을 털어 넣듯 입 속에 술을 붓는다. 여관의 젊은 여주인의 손이 간 듯 술상은 조촐했다. 마른 대구를 먹기 좋게 찢어서 초장을 곁들여 놨고 단칼에 싹둑 베어 낸 대구알은 작 익어서 석류같이 빨갰는데 참기름 한 방울 떨어뜨리고 고춧가루 깨소금을 살살 뿌려 놨고 파아란 파래무침은 그 향기가 드높았다.
>
> ― 《토지》, 4부 3권, 175쪽

<hr>

▼ 서긍 지음, 조동원, 김대식, 이경록, 이상국, 홍기표 옮김, 《고려도경》, 황소자리, 2005, 290쪽.

제철에 잡은 생선으로 만든 자반 고기

경상도에서는 '고기'라고 하면 '생선'을 가리킬 만큼 생선을 즐겨 먹었으며 절기에 따른 생선 음식이 향토 음식으로 전승되었다. 경상남도 사천시 풍속에 따르면 설날 제물로 떡국과 참조기를 비롯하여 삼실과三實果, 산적 등을 올린다. 특히 참조기는 자반 고기라고 하여 절대 빠지지 않는 제물이다.▼▼ 경제적으로 형편이 좀 나은 집에서는 참조기 대신 돔을 올리기도 했다.

조기는 석수어石首魚로 머릿속에 돌 같은 이석耳石이 두 개 들어 있다고 해서 붙여진 이름이며 기운을 북돋아 주는 효험이 있어 조기助氣라고도 한다. 《임원경제지林園經濟志》에서는 식용보다 설사 또는 소화제, 해독제로 좋다고 했다.▼▼▼ 조기의 우수한 단백질은 어린이의 성장 발육이나 노인의 원기 회복에도 좋다고 한다. 하지만 조기를 회로는 잘 먹지 않는데,《조선무쌍신식요리제법》에서는 "조기는 봄에 나는 것이라 회를 치면 빛은 희고 좋으나 맛은 슴슴하여 신통할 것이 없다"라고 했다.▼▼▼▼

주로 소금 간을 세게 하여 절여 두고 먹는 생선을 자반이라 하는데, 소금 간은 저장 기간을 길게 잡을수록 더 세게, 더 짜게 한다. 굴비는 조기를 절였다가 말린 것이고, 암치는 민어를 절였다가 말린 것이다. 자반 고기는 밥, 국, 나물과 함께 한식 상차림의 가장 기본이 되는

▼▼　　국립문화재연구소 지음,《경상남도 세시풍속》, 2002, 219~985쪽.
▼▼▼　서유구 지음, 이효지, 조신호, 정낙원, 차경희 편역,《임원십육지: 정조지》, 교문사, 2007, 340쪽.
▼▼▼▼ 이용기 지음, 이성우 편저,《조선무쌍식신요리제법》, 수학사, 1992.

조기 자반

찬이며 흔하게 먹은 음식이다. 하지만 일제 강점기 시대, 어려운 상황 속에서는 그 흔한 자반 고기 한 마리조차 올리기 힘들었고 사위 상에만 오르는 귀한 음식이기도 했다.

밥상에 자주 올라간
단골 반찬

경상남도 하동, 진주, 지리산 지역의 향토 음식은《토지》5부에서도 이어진다. 5부는 1940년 8월부터 1945년 8월, 해방이 되는 날까지의 우리 민족 삶과 서희 일가 삶을 그린다. 5부에서는 일제 억압을 견뎌 내며 민족의 삶이 확대된 공간을 오가며 다양하게 펼쳐진다.

《토지》5부 일제 강점기 말 경상남도 하동과 진주 음식

주식류 (主食類)	밥(飯)	찰밥, 쌀밥, 보리밥, 주먹밥, 초밥, 콩깻묵밥, 오야코돈부리(닭고기 계란덮밥)
	탕반(湯飯)	국밥, 장국밥
	면(麵)	우동, 수제비
	죽(粥)	시래기죽, 보리죽
부식류 (副食類)	탕(湯)	미역국, 해장국, 챗국, 명태국, 설치국, 우거짓국, 미소시루
	찌개	된장찌개, 된장뚝배기, 두부찌개

부식류 (副食類)	적(炙)	꿩구이, 갈치구이
	찜(蒸)	닭찜, 계란찜
	포(脯)	어포
	나물(菜)	가지나물, 무나물
	김치(菹)	김치, 열무김치, 마늘장아찌, 단무지, 콩잎장아찌
	볶음(炒)	멸치볶음
	자반(佐飯)	콩자반
	젓갈(醢)	명란젓
	장(醬)	간장, 된장
기호식 (嗜好食)	떡(餠)	찰떡, 인절미
	술(酒)	머루주, 막걸리, 포도주, 밀주
	한과(韓菓)	유과, 약과
	과실(果實)	수박, 배, 군밤
	음청(飮淸)	숭늉, 작설차, 홍차
	기타	수프, 샐러드, 빵, 군고구마, 누룽지, 미숫가루, 건빵, 눈깔사탕
식재료 (食材料)	나물류(菜類)	칡뿌리, 무꼬랑지, 고추, 나물거리, 마늘, 생강, 콩나물, 푸성귀
	곡류(穀類)	밀가루, 고구마, 검정깨
	해조류(海藻類)	미역, 생미역, 파래
	어패류(魚貝類)	볼락, 조개, 건어, 홍합, 바지락, 멸치, 가자미, 조갯살, 갈치, 은어
	육류(肉類)	까투리, 돼지고기, 쇠고기
	기타	누룩, 술지게미, 비지, 실백

시원하면서도 구수한 홍합 된장찌개

우리나라에서는 오래전부터 다양한 조개류를 먹었다. 경상남도 김해의 조개무지에서 철기 시대 초로 추정되는 살조개, 새꼬막, 홍합

홍합 미역국

등 30여 가지의 조개껍질이 출토됐다. 그중 홍합은 우리나라 전 연안에서 볼 수 있는 조개로 남해안에 특히 많다. 허균의 《도문대작屠門大嚼》에는 "중국 사람들은 홍합을 동해부인東海夫人이라고 하며 남해에서 캔 홍합이 크다"라고 했다.▼ 정약전의 《자산어보玆山魚譜》에서는 "홍합은 앞은 둥글고 뒤쪽이 날카로우며, 큰 놈은 길이가 한 자나 되고 폭은 그 반쯤 된다. 뾰족한 봉우리 밑에 털이 있어 수백 마리씩 무리 지어 암초에 달라붙어 있다가 조수가 밀려오면 입을 열고, 밀려가면 입을 다물며 성장한다. 껍질은 검고 안쪽은 흑자색으로 광택이 나며, 살은 붉은 것과 흰 것이 있다. 맛이 감미로워 국을 끓여도 좋고 젓을 담가도 좋다. 그러나 말린 것이 몸에 가장 이롭다"라고 기록되어 있다.▼▼

> 천일네는 마늘을 까고 성환할매는 성환이가 오면 해 주려고 간수해 두었던 건어와 꼬치에 끼워 말린 홍합을 장독 항아리 속에서 꺼내 왔다. 그리고 뒤꼍으로 돌아가서 생강도 한쪽 파 가지고 왔다.
> "홍합은 된장에 넣을라고 그러요?" 천일네가 말했다.
> "그래. 야무어매, 참기름 깨소금 애끼지 말고, 그거 안 들어가믄 무신 맛이 있어야제."
>
> ― 《토지》, 5부 2권, 386쪽

▼ 허균 지음, 이성우 편저, 《도문대작(屠門大嚼)》, 수학사, 1992, 212–216쪽.
▼▼ 이태원 지음, 《현산어보를 찾아서》, 청어람미디어, 2003, 271쪽.

홍합은 오래 보관하기 위해 주로 건제품으로 말려 두고 먹었다. 《토지》에서도 꼬치에 끼워 말린 홍합을 장독에 보관하고 있다 귀한 사람에게 대접할 때 꺼내 온다. 살짝 데친 홍합 살을 발라 대나무 꼬치에 끼워 햇볕에 말리면 그 자체로 훌륭한 술안주가 되며, 된장찌개에 넣으면 구수하고 감칠맛 나는 찌개가 된다. 된장찌개 재료로는 제철 채소와 잘 익은 된장을 넣고 끓이면 된다. 같은 된장이라도 건더기에 따라 맛이 달라지므로 일 년 내내 질리지 않는 찬이라 할 수 있다. 국물 맛을 좋게 하기 위해 고기나 다양한 해산물로 장국을 미리 끓이기도 한다. 그러니 여기에 홍합을 넣고 끓이면 그 맛은 말할 것도 없다. 남해안에서 많이 나는 홍합을 넣은 홍합 된장찌개는 경상남도 향토 음식 중에서 제일이다.

군침 돌게 하는 된장 속 콩잎장아찌

과거에는 제철 음식으로 저장 음식을 골고루 만들어 겨울을 났다. 장아찌는 한자로 장과醬瓜라고 하며 제철에 흔한 채소를 간장, 고추장, 된장 등에 넣어 장기간 저장하는 음식이다. 대개는 1년쯤 지나야 제대로 맛이 나므로 미리미리 준비해 두어야 한다. 염장법에 속하는 장아찌는 짭짤해서 오래 두어도 상하지 않아 필요할 때마다 꺼내어 밑반찬이나 술안주로 삼을 수 있었다. 장에 저장하는 동안 장의 맛과 염분이 고루 스며들고 미생물이 발효 작용을 해서 독특한 맛과 질감을 낸다.

《토지》에서는 된장에 묻어 둔 콩잎 한 접시를 보고 군침을 삼키며 콩잎 하나를 밥 위에 얹어 먹는다는 표현이 나온다. 이처럼 된장에 묻어 둔 콩잎장아찌는 짭조름한 맛과 향이 입에 군침을 돌게 하여 예로부터 기호도가 높았다. 경상도에서는 콩잎장아찌를 단풍콩잎장아찌라고 부르는데, 이는 단풍이 든 콩잎을 따서 장아찌로 만들기 때문이다. 늦가을 서리가 내린 후 낙엽이 들 때 콩잎을 따서 된장에 파묻는다. 그런 다음 누렇고 부드러워질 때까지 삭혀서 양념에 버무려 먹는 남도 농촌의 별미 반찬이다. 콩잎장아찌는 초가을에 많이 만들어 이듬해 봄에 꺼내 먹는다.

> 휘는 환하게 눈에 익은 부엌으로 들어갔다. 소반을 부뚜막에 올려 놓고 찬장 문을 열며 뭐가 있나 하고 들여다본다. 십 년이 훨씬 넘는 술 시중이었으니 어줍을 것 하나 없었다. 콩자반, 잘 삭은 콩이파리, 멸치볶음, 가모(家母)의 알뜰한 살림 솜씨가 역력하다.
>
> ― 《토지》, 5부 1권, 242쪽

먹거리가 풍부하지 못했던 과거 농촌에서는 주위에서 쉽게 얻을 수 있는 재료를 이용해 반찬을 만들어 먹었다. 농촌에서는 하얀 콩 꽃이 피기 전인 여름철에 여린 콩잎을 따는데, 이는 콩이 더욱 많이 열리게 하기 위한 작업이다. 이때 골라낸 여린 콩잎을 콩잎김치나 콩잎장아찌 등으로 담가 먹는다. 경상도는 기후가 따뜻하기 때문에 김치가 쉽게 쉬고 물러지므로 오래 먹기 위해 소금 간을 세게 하고, 양념된 음식이 비교적 많은 편이다. 젓국으로는 삼베로 거른 멸치젓과 갈치속젓을 넣어 맛을 내기도 한다. 콩잎김치와 콩잎장아찌는 시골에서 흔히 구할 수 있는 콩잎으로 만든 데다가 오랜 시간 저장할 수 있었기에 당시 밥상 반찬 중에서도 으뜸 반찬이었다.

그 시대 간편 음식 미역 설치국

미역은 말려서 오랫동안 보관할 수 있어 예로부터 좋은 먹을거리였다. 다른 해산물이나 고기를 넣고 국을 끓이는 것이 대표적이지만 한여름에 오이를 동동 띄운 미역냉국과 미역무침도 빠질 수 없다. 또 경상도에는 미역으로 만든 또 다른 냉국, 바로 설치국이 있다.

설치국은 보리 미역을 뜯어서 양푼에 담고 바락바락 주물러 떫은맛을 헹구어 적당한 크기로 썬다. 그런 다음 생된장과 마늘, 파를 함께 무쳐서 찬물을 붓고 참기름을 띄워 먹는 음식이다. 보리 미역은 이른 봄에 돌미역을 베어 내고 남은 자리에 조그맣게 달리는 미역으로 7-8월 보리 수확 시기에 먹을 수 있는 미역이라 하여 붙여진 이름이다.

"장에 갈 새가 있었이믄 바지락도 사 오고 생미역이나 파래를 넣어 설치국이나 했이믄 좋았을 긴데."

성환 할매는 몹시 아쉬워한다.

"지금 생미역이 있겠소? 철 아닌 소리 하네."

야무네가 타박을 준다.

"통영서 그런 거사 원 없이 묵었을 기요, 사위는 백년손인데 처가에서 배면이 했겠소?"

— 《토지》, 5부 2권, 387쪽

《토지》 내용을 통해 설치국이 통영 등 경상남도 지역에서 즐겨 먹는 일상 음식임을 알 수 있다. 조선 시대 인문지리서인《신증동국여지승람》에서도 경상남도 진주의 토산土産으로 대구어와 미역을 손꼽았다. 또 일제 강점기에 지역 어채물 어획량을 기록한《한국수산지》에서도 경상남도 지역에서 생산된 미역이 조선 전체 어획량의 35%를 차지한다고 했다. 미역은 조류가 빠른 곳에서 자란 것이 품질이 좋다고 하는데 경상남도 앞바다는 빠른 조류로 파도가 거세 여기서 나는 해초류가 좋은 것으로 손꼽힌다. 이처럼 경상남도는 파래, 미역 등의 좋은 품질과 많은 양의 해초류가 생산되어 이를 이용한 다양한 향토 음식이 발달했다.

향토 내음 가득한 《토지》 밥상

경상남도 하동, 진주, 지리산 일대가 주 무대인 《토지》에는 이 지역의 향토 음식이 많이 등장한다. 향토 음식은 그들의 삶을 이어간 생명줄이었고, 지금은 그리운 고향 음식으로 남아 있다.

지리산 일대 이 지역에서는 나물밥이 가장 일상적인 밥이었다. 그리고 가을에 말려 둔 시래기에 된장을 넣어 끓이는 시래깃국이 있다. 늙은 호박으로 끓이는 호박풀떼기도 요기를 위한 긴요한 음식이다. 이외에도 《토지》에는 홍합된장찌개, 콩국수, 콩잎장아찌. 미나리무침 그리고 대구 알젓 등 다양한 향토 음식이 등장한다. 떡으로는 인절미가 많이 나온다. 술은 매화주를 즐겼으며 여기에 어포 구이를 안주로 곁들였다.

4

박경리《토지》

아픔이 서려 있는 일제 강점기 음식

恨

〔 한 〕

《토지》는 어떤 소설인가?

개화기와 일제 강점기 시대는 우리의 전체 역사에서 볼 때 짧은 기간이다. 하지만 이 기간은 서구적 사고 도입과 함께 일본이 우리나라를 지배하고 있었다는 점에서 변화가 가장 격렬했던 시기다. 서구적 사고 도입으로 기존 문화와 새로운 문화가 접목되거나 혹은 충돌이 불가피했고, 우리의 전통을 부정하고 일본의 문화를 맹목적으로 받아들여야 했다. 개항 이후 점진적으로 수용된 서구 과학 기술은 20세기를 거치면서 정치, 경제, 사회 등 다양한 분야에 영향을 미친다. 하지만 20세기 초 우리는 자주적 근대화에 실패하고 식민지로 전락하게 된다. 서구 과학 기술은 문명의 이기로서 보급되기보다 외세 침략의 도구가 되었다. 조선 공업화는 일제 식민지인 조선 땅에서 행해지는 것일 뿐 조선 공업화가 진행되면 될수록 일제 독점 자본에 장악되었다. 그 결과 일제가 만든 상품에 종속된 우리는 점점 궁핍해질 따름이었다.

《토지》는 20세기를 시간적 배경으로 삼고 있으며, 역사적 맥락을 이야기 바탕에 깔고 있다는 점에서 역사 소설 성격을 지니고 있다. 격변기 속 당시 우리 조상들이 보여 준 다양한 삶의 궤적을 통해 한국 근대사의 총체적 모습을 드러낸다. 즉, 이 시기 식생활 모습도 고스란히 반영하고 있다. 구한말 개화기와 일제 강점기는 음식 문화사적으로 매우 중요한 시기이나 이를 다루는 자료는 많지 않다. 오히려 이 시대를 본격적으로 다룬 소설인

《토지》에서 근대 음식 문화의 지속과 변용을 살필 수 있다. 이유는 사건이나 현상을 단순히 기술하고 있는 것이 아니라 삶으로서 직접 체험한 작가의 세세한 기록이기 때문이다. 일본을 필터로 하여 받아들인 근대화와 서구 문물이 우리의 가치관과 식생활에 어떠한 변화를 가져오게 되었는지 《토지》를 통해 살펴보자.

구한말 경제난과
구황 작물

《토지》의 시대적 배경인 구한말19-20세기 초은 경제적으로도 사회적으로도 어려운 시기였다. 그러나 한편으로는 상품 화폐 경제가 발달하면서 사회 각 부문에서 변화가 일어나고 있었다. 특히 농업 생산력 발전에 따라 토지 소유가 소수의 지주, 부농에게 집중된다. 반면 대다수 농민들은 토지 소유에서 배제되어 소작농, 무전 농민으로 전락했다. 농업 생산력의 발전은 지주제를 확대하는 계기가 되었으며, 지주제가 발달하자 농민층의 양극 분해는 심화되었다. 농민층은 소수의 부농과 다수의 빈농으로 분화되는 가운데 농촌에서의 빈부 대립은 심각했다. 영세 빈농, 무전 농민의 몰락은 구한말 국권 약화에 따른 각종 조세 수탈과 재난災難 등으로 가속화되었다.

꽁보리밥과 싸라기밥마저 귀했던 시기

《토지》1부의 시간적 배경인 1897년부터 1908년까지는 러일 전

보리현미밥

쟁에서 승리한 일본과 을사조약이 체결되고 항일 의병 운동이 일어
나는 때다. 이뿐만 아니라 자연재해에다가 민란, 조세 수탈 등의 인재
人災에 의하여 대다수 빈농들이 기아에 허덕이던 시대였다. 당시 농민
들은 춘궁기 보릿고개가 아닌 수확의 계절 추수철에도 쌀밥 한 그릇
먹지 못하는 실정이었다. 최참판 댁 침모 딸로 서희와 친동기간처럼
지내는 봉순이가 생각하는 농사짓는 외가의 모습은 '사계절 얇은 무
명옷 한 가지에 꽁보리밥을 먹으며 농사일을 하는 것'이라고 했는데,
이처럼 당시 서민들의 보편적인 삶의 모습을 짐작할 수 있다.

두만네 모습도 이와 비슷하다. 두만네는 사돈이 온다는 소식에
정성껏 음식을 준비했지만 손님이 오지 않아 아이들과 늦은 저녁을
먹는다. 가장 어려운 관계인 사돈인지라 귀한 음식을 대접하고 싶었
지만 형편이 여의치 않아 고작 준비할 수 있는 것은 풋콩을 까서 보리
쌀을 적게 넣고 지은 콩밥뿐이었다. 쌀밥은 꿈도 꾸지 못했다. 두 내외
는 기다리다 지쳐서 아주 캄캄하게 어두워진 뒤에야 사돈을 위해 차
린 콩밥을 아들 형제하고 함께 나눠 먹는다. 오랜만에 꽁보리밥이 아
닌 쌀이 들어간 밥을 먹는 두 아들은 한 그릇 다 먹고도 또 먹으려 한
다. 거친 꽁보리밥을 일상으로 먹던 아이들에게 쌀을 넣은 달콤한 콩
밥은 그야말로 꿀맛이었을 것이다.

이런 모습은 《토지》 4부에서도 계속 이어진다. 이 시기는 1930
년 이후 일제 강점기 3기로 병참 기지화 및 민족 말살 시기다. 또 일본
이 만주사변, 중일 전쟁 등으로 식민지 침략 전쟁을 확대하고 우리나
라에 전쟁 협력을 강요하던 때로 전쟁에 필요한 자원을 폭력으로 약
탈해 갔던 시기다. 따라서 당시 백성들의 식량 사정은 극도로 악화되

어 꽁보리밥마저도 먹지 못하고 가축 사료로 사용되었던 등겨밥, 싸라기밥 등을 먹어야만 했다. 또 많은 농민이 생존을 위해 만주 땅으로 무작정 떠나는 농민 이주 현상이 가속화되었다.

힘겨운 삶을 지탱한 보리죽, 시래기죽, 강냉이죽

《토지》로 본 구한말 농민들의 상황은 쌀로 지은 된밥 한번 제대로 먹을 수 없고, 보리밥도 여의치 않아 겉보리를 껍질 채 볶아 가루 내어 멀겋게 끓인 보리죽을 먹었다. 《토지》에서 칠성이 고향을 등진 이유도 멀건 보리죽 때문이었다. 칠성이 등 빠진 적삼에 보리죽 먹는 농사꾼은 되지 않겠다고 결심하며 고향을 등지는 장면이 묘사되어 있다.

1554년 이택李澤이 쓴 《구황촬요救荒撮要》에는 곡식 가루 내는 법이 기록되어 있다. "흰쌀 1되로 가루를 내면 2되 5홉이 나고 겉보리는 까락을 떨어낸 것으로 껍질째 볶아서 가루를 내면 2되가 된다. 또 조나 피도 이와 마찬가지다. 대체로 1되 쌀가루는 약 2되 5홉을 내며 25명을 먹일 수 있고, 쌀 한 말로는 가루를 내어 250명을 먹일 수 있다. 만일 한 사람이 먹기로 든다면 넉 달을 먹을 수 있고, 3말의 쌀이라면 가루 내어 한 해를 먹으면서 살아 견딜 수 있다"라고 하여 죽이 기근 시에 많은 사람을 먹여 살리는 데 효율적이라고 하고 있다.▼ 또 《구황촬요》에는 보리뿐만 아니라 보릿잎도 음식에 활용하고 있다. "보리는 초가을 양지에 파종하여 싹이 터 잎이 자라기를 기다렸다가 잎을 베어 죽을 쑤고 국을 끓여 먹는다. 비료를 주고 점차 길게 나오는 것이 보이

▼ 농촌진흥청 지음, 《구황방 고문헌집성 1: 조선의 구황방》, 휴먼컬처아리랑, 2015.

면 자라는 대로 자주 베어도 오히려 나쁘지 않다"라고 기록되어 보릿잎을 나물처럼 죽이나 국으로 끓여 먹었음을 알 수 있다.

최근에는 과거 기근과 재난을 극복하기 위해 궁여지책으로 활용되었던 구황 작물이 오히려 건강식품으로 각광받고 있다. 보릿잎에는 단백질과 각종 비타민, 무기질, 효소가 풍부하게 함유되어 있으며 최근 여러 생리 활성 물질에 의한 항산화, 항염, 혈압 강화, 암 억제 효과까지 있다고 밝혀졌다. 심지어 보릿잎은 유휴遊休 경지를 이용할 수 있고 노동력이 적게 들며, 농약을 뿌리지 않은 무공해 식품 원료로 천연약물 및 건강 보조 식품으로 각광받고 있다.▼

《토지》2부1911-1917년에서는 식량 사정이 더욱 나빠졌다. 악과 탐욕의 상징인 조준구에게 누명을 쓰고 하루아침에 남편을 잃은 석이네는 아이들을 키우며 힘겹게 살아간다. 이는 일본에게 억울하게 국권을 빼앗기고 목숨을 연명하는 일반 백성들의 삶과 다르지 않다. 식사는 시래기죽이었으며 아이들은 언제나 양이 차지 않아 허기를 느꼈다. 하지만 양푼에 퍼 놓은 시래기죽을 좁은 방에 둘러앉아 먹을지라도 먹을 게 있다는 것만으로도 아이들은 행복했다.

시래기죽을 끓여 양푼에 퍼다 놓고 식구들이 좁은 방에 둘러앉았을 때 석이의 눈은 시퍼렇게 멍이 든 순연의 얼굴 쪽으로 쏠린다. 어글어글한 눈이 확 풀어지는가 싶더니 빛이 번쩍 난다. 언제나 양이 차지 않는 아이들 배에서는 꾸럭꾸럭 소리가 난다. 먹는다는 기쁨에

▼   Kim, K. T., Kim, S. S., Lee, S. H., & Kim, D. M. (2003). The functionality of barley leaves and its application on functional foods. Food Science and Industry, 36(1), 45–49.

서 침이 넘어간다. 설움이 무엇이며 추위가 무엇인가 그런 것쯤이
야, 아이들은 먹을 것을 앞에 둔 이 순간이 무한하게 행복할 뿐이
다. 어미는 석이 몫의 시래기죽을 먼저 떠서 밀어 준다.

— 《토지》, 2부 2권, 393쪽

당시 농촌에서의 빈부 대립은 심각해졌으며 무전 농민들의 숫자
는 갈수록 증가했다. 급기야 화전민이 되어 하루하루 목숨을 연명하
는 사람들도 늘어만 갔다. 사당패 출신으로 세석에서 술집을 하다가
남편이 죽은 후에는 지리산 화전민이 된 춘매도 고구마를 삶거나 수
수, 옥수수 등을 가루 내어 죽을 쑤어 먹는 힘겨운 삶을 살아간다. 강
냉이 가루를 끓인 빽빽한 죽 한 사발이 산간 지역 화전민의 주식량이
었다. 이렇듯 《토지》에서는 구한말에서 일제 강점기로 시간 흐름에 따
라 식량 사정은 점점 악화되고 꽁보리밥을 먹던 농민들은 이제 보리
죽, 시래기죽, 강냉이죽으로 목숨을 겨우 연명하고 있음이 잘 묘사되
어 있다.

산과 들에서 캐낸 칡뿌리와 고구마

《토지》 1부에서는 구한말 농가에서 곡식을 대신할 수 있는 다양
한 먹거리를 찾아 거두어 보관하는 모습을 볼 수 있다. 조급한 농가에
서는 아이들이 들판을 쏘다니며 벌써 쇠어버린 비름을 뜯어 나물밥,
시래기죽을 쑤었다. 칡뿌리를 캐어다 칡가루를 만들어 저장하기도 했
다. 1919년 여름, 기록적인 가뭄에 조선 총독부에서는 100여 종의 구
황 식물 활용법을 수집하고 기술하여 《조선의 구황식물》이라는 책을

펴낸다. 이 책에 갈분^{칡가루} 제조법이 자세히 등장한다. "갈분의 제조법
은 캐어 낸 칡뿌리를 물속에서 깨끗이 씻고 1-2일 동안 말린 다음 칼
로 잘라서 이때 갈색을 띠는 뿌리 토막은 전분을 별로 많이 함유하지
않은 것이므로 골라낸다. 흰색을 띠는 것들만 가려서 돌절구에 넣고
찧는다. 이것은 대삼태기에 넣고 그 밑에 그릇을 놓은 뒤, 뒤편 위쪽으
로 층층이 물을 대게 되면 전분은 물과 함께 섞여 그릇 속으로 떨어진
다. 이것을 포대로 여과하여 즙액을 정치 침전시킨 뒤 윗물을 버리고
불순물이 많아 보이면 과정을 거듭하여 수거된 전분을 얻어 건조하
고 갈무리한다. 햇살에 쬐어 말리면 거친 전분을 얻게 되며, 원료의 약
20% 정도 되는 전분을 얻을 수 있다"라고 했다.▾

"홍아!"

임이네 목소리다. 고구마를 베어 먹던 홍이 당황하며 일어선다. 월
선이도 당황한다.

"옴마, 나 여기."

홍이는 고구마를 찌른 젓가락을 든 채 월선이를 힐끗 쳐다보더니
허둥지둥 나간다.

"그기이 머꼬!"

가시가 돋친 임이네 목소리다.

"고, 고구매."

▼ 농촌진흥청 지음, 《구황방 고문헌집성 2: 일제 강점기의 구황방》, 휴먼컬처아리랑, 2015.

머리에 이고 온 자루를 마룻바닥에 내려놓고 임이가 이고 있는 짐
도 받아 내려놓고 "고구매라니!"

— 《토지》, 1부 4권, 386쪽

이처럼 당시에는 고구마 하나조차도 제대로 먹기 어려웠다. 조
선 시대 고구마 재배에 대해 기술한 《감저경장설(甘藷耕藏設)》에는 고구마
가 구황 작물로 우수한데도 우리 농민들은 재배법과 저장법을 모르기
때문에 이 책을 엮는다고 나와 있다. "고구마는 오곡 이외의 제일가는
구황 작물이다. 비록 풍년이 든 해에도 그 이로움은 모든 곡식을 심는
것보다 본래 몇 배가 되는데 하물며 흉년일 때랴! 가뭄과 장마의 재해
를 입지 않을 뿐만 아니라 구황의 효과가 오곡과 같으니, 그 이로움이
역시 어찌 수십 배에 그칠 뿐이겠는가"라고 했다.▼▼

이 책에는 고구마 재배법, 조리법, 저장법 등이 자세히 소개되어
있다. 특히 고구마의 좋은 점을 12가지로 들고 있다. "많이 거둘 수 있
고, 색깔이 희고 맛이 달며, 여러 토양에 심기 좋다. 산약과 같은 효능
이 있고, 줄기를 잘라 종자로 쓸 수 있으며, 바람이 불고 비가 내려도
상하지 않고, 미곡이 흉년인 해에도 재해를 입지 않는다. 과실로 쓸 수
있고 술을 빚을 수도 있으며, 말리면 오래 저장할 수 있고, 날것이나
익힌 것 모두 먹을 수 있다. 사용하는 땅이 적어 관개하기 쉽고, 잎이
무성해 잡초가 잘 자라지 못하기 때문에 재배가 쉽다."

《토지》에는 구한말 어려워진 정치와 경제 상황이 반영되어 있으

▼▼ 농촌진흥청 지음, 《고농서 국역 총서 17: 감저경장설(甘藷耕藏說)》, 농촌진흥청, 2010, 79쪽.

181

며 그에 따라 백성들의 어려워진 삶의 모습이 텍스트로 녹아 있다. 특히 구황 작물은 재해로 인한 기근이 들었을 때만 먹는 음식이라기보다는 가난한 농민들이 살아남기 위해 먹었던 산과 들에 있는 소중한 생명줄이었다.

일제 강점기 속 사라진
우리 음식 문화

일본은 한반도를 영구적인 식민지로 전락시키기 위해 온 힘을 기울였다. 제일 먼저 조선의 경제적 기반인 농업 경제를 식민 본국인 일본의 이익을 위한 기반으로 만들어 나가기 시작했다. 1910년대의 경제 정책은 '토지 조사 사업' 등을 비롯하여 조선을 본격적으로 지배하기 위한 발판을 마련하는 데 그 목적이 있었다. 1920년대는 일본 식량 문제 해결을 목적으로 '산미 증식 계획'이라는 수탈적 농업 정책을 실시했다. 그리고 1930년대에 들어서는 대륙 침략을 목적으로 한 조선의 '병참기지화'와 '공업화' 정책을 적극 추진했다.

농촌 붕괴 그리고 도시화와 매식 문화

일본의 식민 통치를 가능케 한 기초 작업은 토지 조사 사업과 강력한 중앙 집권적 체제 구축이었다. 일본은 1910년 한일 합방 이후에 식민 통치 권력의 물질적 기초를 확립하고 식민지 수익을 극대화하기 위해 토지 조사 사업을 본격적으로 추진했다. 신고되지 않은 땅의 국유화, 소유 증명제 확립으로 농민의 권리 배제, 토지 경작권 박탈, 지세 부과 기반 확립, 일본 상업 자본의 토지 점유 정당화 등이 공공연하게 이루어졌다.▼ 토지 조사 사업은 조선의 경제 기반을 일본의 이익을 위한 수탈 경제로 바꾸기 위한 것이었다. 또한 소작 농민층을 급격히 증가시켰고, 소수의 지주층을 대지주로 만들어 농민 계층을 분열시켰으며 농촌은 피폐해져 갈 수밖에 없었다.

한편 조선의 식민지화로 조선에 거주하는 일본인은 점진적으로 증가했으며, 주로 경성京城을 중심으로 거주했다. 조선 총독부 통계 연보에 의하면 1914-1920년 사이 인구 증가는 조선인 8.3%, 일본인 19.4%, 합계 8.5% 증가율을 나타내고 있다. 또한 일제 강점기에 소득과 소비가 증가했음이 여러 경제 지표나 연구에서 밝혀지고 있다.▼▼ 물론 1인당 소득과 소비가 증가하더라도 불평등한 분배와 생활 환경 악화, 여가 감소 등의 원인으로 대중의 생활 수준 향상과는 무관했지만 경제 규모 증가는 화폐 경제 활성화를 가져왔다.

일부 지주층의 소득 증가와 도시 일용 근로자와 같은 유동 인구 증가는 도시화를 가속화하고, 생존을 목적으로 하는 온갖 종류의 다양한 직업으로 삶의 방식을 바꾸어 놓았다. 또한 도시화는 매식買食 필요성을 증가시켜 외식 증가 및 음식 상업화를 가져왔다. 물론 농촌 지역에서는 아직도 자급자족, 친족 중심 생활이었으나 도시를 중심으로

▼   신용하 지음, 《일제 강점기 한국민족사(상)》, 서울대학교출판부, 2001.
▼▼ 손정목 지음, 《일제 강점기 도시화 과정 연구》, 일지사, 1996.

한 화폐 경제 발달과 유동 인구 증가 등은 음식 문화 변화를 가져오기 위한 충분한 조건이 형성되었다.

> 용이는 몇 해 동안 용정촌에서의 생활을 몸서리치며 생각한다. 지긋지긋한 생활이었다. 월선이 공 노인의 도움을 받아 국밥집을 시작한 것은 영팔이 통포슬로 떠나기 전의 일이다. 옛날 이곳에서 국밥집을 차린 경험이 있었고 또 주막도 차린 일이 있는 월선이기에, 처음에는 용이도 대수롭게 생각지 않았었다.
>
> — 《토지》, 2부 1권, 15쪽

우리나라 대중음식점의 모태가 된 주막酒幕은 술을 팔던 곳이었다. 1900년대 초반 도회지의 주막은 음식점 기능을 했고, 시골의 주막은 여관을 겸했다. 20세기 초반, 주막은 술과 음식을 동시에 팔았지만 아직은 전문화되지 못했으며 분화되지 않고 통합된 기능을 가지고 있었다. 《토지》에 등장하는 음식점 역시 술과 음식을 동시에 팔고 있으며 분화되지 않은 모습을 보인다. 또한 음식점을 운영하는 주인들이 모두 여성임이 특징이다. 다양한 이유에서 남편이 없거나 잃은 여성들은 생계를 유지하기 위해 노동을 해야 했으나 농촌의 대지주화 등으로 농사 지을 기회마저도 얻지 못했기 때문이다. 이런 여성들이 생계를 위해 쉽게 접근할 수 있는 일은 바로 음식을 만들어 장사하는 것이었다.

조선 시대 풍속화 중 주막이나 장터에서 으레 주모가 큰 가마솥을 걸어 놓고 국밥 떠 주는 모습을 볼 수 있다. 국밥은 예로부터 전쟁

선짓국

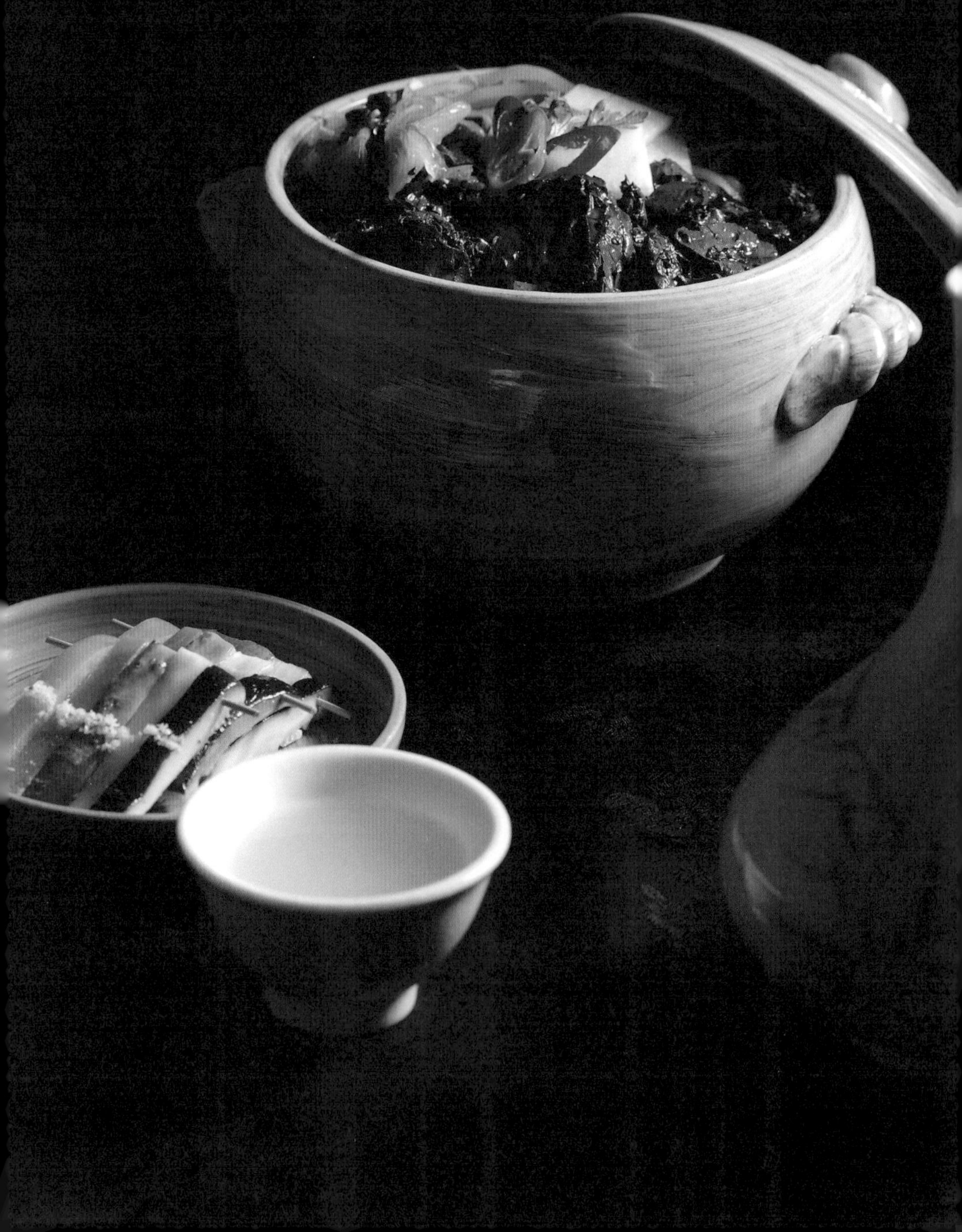

터나 노역장, 행사 때 많은 사람이 간편하게 먹을 수 있는 메뉴였다. 국에다 밥을 만 국밥은 특별히 다른 찬을 갖추지 않아도 김치 한 가지만 있으면 간단히 한 끼를 해결할 수 있는 실용적인 음식이다. 또한 술꾼들이 안주 삼아 한 끼를 해결할 수 있는 메뉴로는 역시 해장국이 최고였다. 술로 시달린 속을 풀어 주는 술국인 해장국은 보통 쇠뼈다귀를 푹 고아서 된장을 섞고 배추 우거지나 여러 채소를 넣고 끓인다. 해장국은 지방에 따라 지역 특산물로 다양하게 발달된 가장 보편적인 한국 음식이다.《토지》의 배경인 경상도에서는 해장국에 대구 머리와 무를 넣어 맑게 끓인 대구 뽈국이나 살코기와 선지, 간, 허파, 천엽, 내장 등을 푹 곤 국물에 작고 도톰하게 썬 무와 콩나물, 대파를 넣어 만든 선짓국이 유명하다.▼

　　도시화에 따른 매식 문화는 다양한 매체 발달과 함께 특정 지역에서만 맛볼 수 있었던 향토 음식이 다른 지역에까지 널리 알려지게 되는 계기가 되었다. 이러한 사실은 최남선의《조선의 상식》, 이석만의《간편조선요리제법》, 최영년의《해동죽지》등 다양한 자료를 통해서 확인할 수 있다. 근대 이전에는 지역별 향토 음식을 중심으로 한 음식 문화였다면 근대에는 향토 음식이 다른 지역에 소개되어 보다 다양한 음식을 접하게 된다. 이 과정에서 음식 문화는 국내 향토 음식과 외래에서 유입된 다양한 음식이 활발하게 교류交遊하면서 더욱더 다양해진다.

▼　　한복진 지음, 《우리 음식 백가지 1》, 현암사, 2005, 180쪽.

전통주 말살과 밀주 제조

일본은 조선을 식량 공급 기지로 만들려는 산미 증식 계획을 수립하여 식민지 농업 정책을 실시했다. 제1기 계획은 1920-1925년, 제2기 계획은 1926-1934년으로 두 차례에 걸쳐 시행되었다. 산미 증식 계획은 조선 쌀의 일본 유출을 증가시켰으며 식민지 지주제를 강화했다. 그리고 토지 개량 사업의 중심 사업인 수리조합이 지주를 중심으로 운영되어 일본인과 조선인 대지주들은 혜택을 받을 수 있었던 반면 중소지주, 자작농, 소작농들은 농업 금융에서 배제되어 수리조합비의 부담, 고율 소작료, 고리대 등에 의해 몰락했다.▼ 이렇게 산미 증식 계획으로 증산된 양보다도 더 많은 쌀이 일본으로 반출되었기 때문에 농민들은 만성적인 식량 부족에 허덕이게 되었다.

우리나라는 가정마다 정성 들여 빚은 술을 조상에 올리는 제주祭酒나 절기마다 빚어 마셨던 계절주季節酒 등 다양한 전통주 문화가 뿌리 깊이 존재했다. 하지만 일제의 산미 증식 계획과 같은 식민지 정책으로 식량마저 부족해지자 집집마다 내려오는 가양주의 전통마저 지킬 수 없게 되었다. 전통주 말살로는 무엇보다도 1909년에 발표된 주세법酒稅法의 영향이 가장 크다. 주세법은 해마다 12월까지 다음 해에 양조할 생산량을 소속 세무서에 신고하면 그 생산량에 따라 과세하는 법이었다.▼▼

▼   조희제(1987). 산미 증산 계획에 있어서 한국의 농촌 경제 구조: 식민지 지주경영과 농업금융과의 관계를 중심으로. 석사학위. 연세대학교. 3-50.

▼▼   이상희 지음, 《술: 한국의 술문화》 도서출판 선, 2009, 76-82쪽.

막걸리

또 자가용 술 과세율을 영업용 술보다 높게 책정해 개인이 아닌 업자들을 보호했다. 자가용 술 제조자는 술을 타인에게 양도하거나 판매할 수 없을 뿐만 아니라 그 면허의 상속을 일체 금지당했다. 반면 판매용 술 제조자는 그 영업의 상속이 인정되었다. 1917년부터는 주류 제조업 정비가 시작되면서 각 마을마다 주류 제조업자를 새로 선정했다. 그 후 주세령은 5차에 걸쳐 개정되었고, 결국 1934년에 자가용 술 면허자가 모두 사라졌다. 그렇게 주류 제조업자들이 많아지고 술의 품질이 규격화되면서 우리의 전통주는 완전히 맥이 끊기게 되었다.

밀주하는 집은 공공연한 비밀이었다. 심한 주세에 백성들의 원성이 날이 갈수록 높아졌고, 밀주의 성행과 일제의 악질적 단속이라는 악순환이 되풀이되기에 이르렀다. 《토지》에도 조준구의 상례를 치르기 위해 영호가 밀주하는 이웃집에서 술을 사 오는 장면이 있다. 밀주는 막걸리를 부르는 다른 이름인데, 주세법 때문에 일제의 단속이 심해지자 백성들이 은밀히 집에서 술을 담가 먹는 데서 생겨난 말이다.

상현은 갖다 놓은 국밥을 먹는다.

"이 선생 술 끊었소?"

"누가 장담을 해요."

"이래서 마시고 저래서 마시고 조선에서 돈 버는 것은 술장사밖에 없겠소."

"술장사도 조선 사람만 한다면야."

— 《토지》, 3부 2권, 70쪽

국권이 일본으로 넘어가고 총독 정치로 이어지면서 일제 수탈 작업의 일환으로 주세가 세금 원으로 이용되었다. 결국 전통주는 그 자취를 감추고 그 자리에 신식 술이라는 획일적인 술이 일본 통제하에 제조되기 시작했다. 그 신식 술의 대표가 바로 소주다. 우리나라에서도 고려 시대 이후 증류식 소주가 있었으나 전통적인 소주는 술을 만드는 데 들어가는 많은 양의 쌀에 비해 그 생산량이 극히 적어 소주 제조는 곧 식량을 축내는 일이 되었다. 국가적 차원에서 이루어진 주세법 시행은 상업적인 술의 생산과 판매를 활성화하는 계기를 마련했고, 이것은 결국 총독부의 수입을 증가시키는 원천이 되었다. 또한 상업적 목적이 개입되면서 술의 질은 떨어지게 되었다. 재래식 소주는 점차 사라지고 개량식 소주가 등장하기 시작했다. 총독부에서도 주세가 높은 소주를 권장했다.

개량식 소주는 화학적 방법을 이용하여 만든 희석식 소주다. 사탕수수나 사탕무에서 사탕을 뽑고 남은 즙액으로 시럽 형상의 검은빛 당밀糖蜜을 원료로 주정酒精을 만든다. 고체 형태의 당밀을 발효시켜 에틸알코올만 추출해 내는 연속식 증류기에서 뽑아낸 알코올이 희석식 소주의 원료인 주정이다. 또한 희석식 소주의 알코올 원료는 고구마나 감자가 이용되기도 했다.▼ 고구마나 감자를 이용하여 알코올을 추출하는 방법은 이미 19세기 말 일본에서 개발되기 시작했다. 쌀을 대체할 식량으로 고구마와 감자가 국가적 차원에서 이미 주목받고 있었으며, 수분이 함유되지 않은 에틸알코올은 전시에 연료로도 쓰일 수 있었다.

▼　　정혜경 지음, 《천년한식견문록》, 생각의 나무, 2009, 304–305쪽.

1938년, 조선 총독부의 주선으로 동양 척식 주식회사가 고구마를 원료로 하는 무수알코올 공장을 제주도에 설립했다. 그리고 고구마나 감자에서 주정을 추출해 낸 희석식 소주가 점차 국민의 환영을 받으며 국민 술로 자리 잡아 갔다. 특히 일용직 도시 노동자들로 전락한 많은 이들이 고된 노동의 고통을 술로 해결하려는 성향도 소주 소비를 더욱 부추기는 결과를 가져왔다.

일제의 식량 수탈과 소작농 몰락

1930년대 후반에는 일제의 침략 전쟁이 확대되면서 전기 화학 공업을 중심으로 하는 군수 공업이 발전했다. 조선의 공업화는 이식 자본주의의 양적 확대 속에서 공업 노동자 대량 창출, 실업 및 임금 하락을 초래했다. 일본이 본격적인 중국 침략 개시 이후 전시 체제에 돌입하면서 식량 수요가 증대하자 쌀 배급 제도 및 공출 제도가 강압적으로 실시되었다. 수탈이 강화될수록 총독부의 미곡 통제책 혜택이나 구제 금융 정책 배려를 받는 소수 대지주를 제외한 대부분 자작농과 소작농들은 몰락의 길을 걸었다.

먹는 데서 인심 나더라고 밥 한술, 술 한잔 나누어 먹을 것이 없게 된 세상, 늙었거나 병들었거나 의지할 남정네 없는 젊은 아낙들 아이들, 이슬같이 서글픈 명줄이나마 잇기 위해 식량 배급에만 매달려 있는 일상에서 사람들은 원시세계로 돌아간 듯 일체를 생략하고 살았으며 냉수 한 그릇 떠 놓고 혼례하는 것이 예사요, 장례식인들 무슨 수로 조문객 대접을 하겠는가. 징용 나가는 아들 남편을 위해 주먹밥이라도 몇 개 뭉치고 나면 식구들 죽 그릇에서 푸성귀만 돌아야 했다.

— 《토지》, 5부 3권, 402쪽

1940년대 이후의 상황이 묘사되고 있는 《토지》 5부에서도 강압적인 일제의 식량 수탈로 인해 극도로 어려워진 백성들의 삶을 그리고 있다. 식량 배급에만 매달려 있는 일상에서 사람들은 원시 세계로 돌아간 듯 일체를 생략하고 살아야 했으며 밥 한술, 술 한잔 나누어 먹을 것이 없게 된 세상은 명줄이나마 잇기 위해 서글프게 살아가야 했다. 일반 백성들은 양조장의 술 찌꺼기와 두부 공장의 비지조차도 구하기 힘들었다. 반면 식량 배급소 관리들은 날이 갈수록 살림이 윤택해졌다. 일제의 민족 분열과 말살 정책은 식량을 통제함으로써 그 효과를 극대화했다.

"언니들은 좋았겠어. 산더미 같은 쌀밥, 많이 먹었어요?"
철없는 하급생들은 부러워했다.
"배탈 난 사람도 있을걸?"
"배탈이 나도 쌀밥 한번 실컷 먹어 봤으면 좋겠어요."
"말이 그렇지. 어떻게 실컷 먹을 수 있었겠니? 그것도 사감들이 따라가지 않아서 눈치껏 먹은 거지."
"어쨌든 언니들은 좋겠어요. 졸업이 얼마 안 남았는데 졸업하면 콩깻묵밥은 면할 거 아니에요?"
"여기 보담은 낫겠지만 식량 사정이야 비슷하지 뭐. 하여간 졸업할 생각을 하니 가슴이 뛴다."

— 《토지》, 5부 5권, 290쪽

공출된 쌀은 일본으로 유출되거나 전쟁 준비를 위한 식량으로 모두 이용되었다. 배급 식량은 동물 사료로 이용되던 콩깻묵이 전부였고 그나마도 양이 충분치 않았다. 이렇게 식량으로 먹을 수 있는 곡식 양이 턱없이 부족했기 때문에 이 문제를 해결하기 위해 여러 가지 대안을 마련해야 했다. 일본은 당시 신문이나 잡지 등 대중 매체를 이용해 계몽 운동을 했다. 계몽 운동은 크게 두 가지 양상으로 진행되었다. 첫째는 식량을 아끼자는 것이고, 다른 하나는 새로운 대용식에 관심을 갖자는 것이었다. 《조광朝光》 제9권 5호에는 식량이 부족하여 배급이 어려운 가운데 대두 콩 한 쪽이라도 감사히 생각하고, 배급량이 부족하더라도 서로가 마음을 합하여 어려운 현실을 타개해 나가자고 독려하고 있다. 또한 여러 전문가들이 모여 도시 사람들이 쉽게 맛보거나 접할 수 없는 산간 지역에서 재배되는 여러 종류의 산채와 야채를 소개하면서 이를 대용식으로 사용할 것을 강조했다.▼

이와 같이 《토지》에서는 시간의 흐름과 함께 일본의 식민지 경제 정책에 따른 식생활 변화가 등장인물의 일상생활 속에 자연스럽게 녹아 있다. 이는 당시의 음식 문화 변용을 보는 사료로서 높은 가치가 있다.

▼ 단국대학교 동양학연구소 지음. 《개화기에서 일제 강점기까지 한국 문화 자료 총서: 음식 문화 관련 자료집》. 민속원. 2010. 19—22쪽.

활발한 외래문화 유입과
음식 교류

《토지》는 갑오개혁 후부터 일제 강점기를 거치는 우리 역사와 사회를 보여 준다. 따라서 현대와 다른 토속적 풍속이 많이 나타나며 시대 흐름에 따른 식생활 변화도 두드러진다. 개화기와 일제 강점기까지의 음식 문화 특징 중 하나는 외부에서 다양한 문물이 유입되면서 자연스레 외래 음식과 조리법이 우리나라에 소개되었다는 점이다.

소설 전반부에서는 서양 음식이 등장하지 않다가 3부에 오면서 음식 종류에 변화가 보이기 시작한다. 3부의 배경은 일제에 의하여 추진된 자본주의화와 경제적 억압이 도시를 중심으로 펼쳐지던 때다. 따라서 당시의 도시 중심적인 식생활 모습이 반영되어 있다. '센베이'는 일본을 통해 들어온 과자로 광복 후 지금까지 즐겨 먹는 음식 중 하나다. 한편 개방 후 서양식 과자나 음식도 들어오게 되는데 에이지 캐러멜, 모리나가 밀크, 커피 등의 음식이 서양식 언어와 함께 들어왔고 서양식 '양과자점'도 생긴다. 젓가락으로 집어 먹는 식사 문화에 새로운 서양식 식사법이 들어오게 된 것도 소설에 나온다.

> 여옥은 국을 마시고 나서 낙지찜을 집는다.
>
> 선혜는 "여기 앉은 사람들은 모두 음식 맛 아는 사람들이지."
>
> "그건 또 왜요?" 명희가 물었다.
>
> "사대부 집안이 아니란 얘기야."
>
> "음식 맛 아는 것과 신분이 무슨 관계있을까?"
>
> "특히 양반들 종가의 음식이란 사람 쳐다보지."
>
> "언닌 그걸 어떻게 알아요?"
>
> "알지. 이치가 안 그러냐? 백결(百結) 선생을 추앙했고, 나물 먹고 물 마시고 대장부 살림살이 이만하면 그것도 모르니? 청백리 송곳 똥 누는 것도 몰라?"
>
> "해서요?"
>
> "음식이야 중인들이 즐기고 중인들보다는 돈 있는 장사꾼이 더 잘 해 먹지. 아무리 돈 벌어 봐야 먹는 재미밖에 없는 사람들이니까."
>
> "사실 그럴 거야."
>
> 여옥이 동조했다. 밥상을 물리고 과일이 들어왔다. 커피도 들어왔다.
>
> — 《토지》, 4부 1권, 155쪽

조선 후기부터 상공업을 통한 경제력을 바탕으로 부를 축적한 새로운 중인층, 부민층富民層이 등장했다. 이는 계급 신분 사회를 무너뜨리고 농업이 기조였던 전통 사회를 점차 상업이 유망한 직업으로 인정되는 사회로 만들어 놓았다. 음식이야 중인들이 즐기고 중인들보다는 돈 있는 장사꾼이 더 잘해 먹는 사회가 도래한 것이다.

중국에서 건너온 호떡과 배달 요리

한일 합방 이후 본격적인 일제의 경제 침탈 정책으로 농민들은 적자 영농과 농가 부채에 허덕였다. 빚을 감당하지 못할 지경에 이르면 야반도주를 하여 유랑민이 되거나 도시 일용 근로자, 화전민, 심하면 걸인으로 전락할 수밖에 없었다.《토지》2부에서도 재산을 강탈당한 주인공을 비롯한 많은 평사리 주민들이 만주 간도로 이주를 떠난다. 간도 이주는 생존을 위한 마지막 선택이었다. 농민들이 이촌을 결심하게 한 결정적 요인은 역시 빈곤 문제였다.

"자아 옥인 호떡 먹고. 아주방인 술 마시자."

아이는 침을 꼴깍꼴깍 삼키다가 호떡을 집어 베어 문다.

(중략)

"이제 고만 먹구, 자아 아주방이가 고기 줄게. 호떡은 싸 달라 해서 집에 갖구 가자."

"응."

아이는 미련이 남는 듯 베어 먹던 것을 손에 든 채 접시에 남은 것을 내려다본다.

"이봐요."

"예, 예" 하고 사내가 쫓아온다.

"접시에 남은 호떡, 종이에 싸 주시오. 서너 개 더 넣고."

"예, 예."

"자아 고기."

길상은 잡채 속의 고기 한 점을 집어 아이 입에 넣어 준다.

— 《토지》, 2부 1권, 210쪽

　　2부의 배경이 된 용정은 북간도 지역으로 토지가 비옥하고 맑은 물이 있어 도시로 발전할 수 있는 기본적인 여건을 갖추고 있는 곳이었다. 1870년대까지만 해도 용정은 황량한 무인 지대였다. 살길을 찾아 두만강을 건넌 평안북도, 함경북도 출신의 14세대 이주 한인들이 마을을 개척하여 이곳에서 화전 농사를 시작했고, 이로 인해 정착할 수 있는 계기를 마련한 것이다.▼

　　《토지》의 북간도 한인 사회 묘사에서 아이들이 호떡을 먹는 모습이 자주 보인다. 호떡이 우리나라에 정확히 언제 들어왔는지는 알 수 없으나 오랑캐 '호胡' 자에서 따온 떡이라는 유래가 있다. 오랑캐의 떡이 우리나라에 본격적으로 들어오기 시작한 것은 화교華僑가 들어오면서부터다. 호떡은 19세기 말 한국으로 이주한 중국 상인들이 개발한 것으로 한국인의 입맛에 맞게 달콤한 재료를 속에 넣었다. 중국 요리는 고기로 소를 만들어 넣는 경우가 많다.

　　호떡뿐만 아니라 중국 식당은 1882년 임오군란 이후 한국인들

▼　　Kim, T. K. (2010). The social and cultural conditions and the movements of establishing Middle school in LongJing in 1920's, Korean J. The Historical Association of Soong Sil, 25, 183–206.

에게 특별한 외식을 할 수 있는 곳이었다. 배고프면 청요리 시켜다 먹을 거고 싫증 나면 돼지고기 사다가 삶아 먹을 것이라는 구절이 소설 속에 등장하기도 한다. 과거 중국 요릿집은 부유층이 아니면 찾기 어려운 고급 식당이었다. 중국인들은 손님이 오면 집에서 직접 요리를 만들어 대접하거나 요릿집에서 음식을 주문한다. 이때 요릿집 직원이 나무로 만든 수레에 음식을 담아서 직접 집으로 배달한 것이 배달 음식의 기원이 되었다고 한다. 화교들은 세계 각지에 중국 요리를 퍼뜨렸을 뿐 아니라 이러한 요리 배달업까지 보편화시켰다.《토지》에 나온 청요리란 바로 중국 요리를 뜻하는 것으로 일제 강점기에는 이렇게 불렀다. 당시 청요리를 불러 먹을 수 있을 정도니 상당한 경제력을 가진 계층이었음을 짐작할 수 있다.

일본인들의 상권 확대와 양과자점

음식 문화사에서 음식 근대화는 산업화, 가공 상품화와 같은 개념으로 인식된다. 당시 조선의 산업은 일제 독점 자본에 장악되었고, 그 결과 일제가 만든 상품 소비지로서 역할을 감당해야 했으며 종속된 우리 민족은 점점 궁핍해질 따름이었다. 당시 어디로 가든지 소도시나 소읍과 같은 도회지에는 양과자점을 위시한 선진 문물의 새로운 업종들이 생겨나 조선인들을 유혹했다. 하지만 상업을 주관하거나 주류를 이룬 것은 일본인과 소수 친일파들이었다. 이들을 중심으로 상업 독점이 이루어지고 일반인들은 화려한 네온사인만을 바라볼 뿐이었다.

그렇다고 해서 금종이 은종이에 싼 유리통 속의 꿈과 같은 고급 과
자 무슨 옥(屋)이니 헌(軒)이니 하는 명(銘)이 찍힌 생과자를 아무
나가 먹는가. 사십 전 하는 'GGC', 십오 전의 '가이다' 그런 고급
담배를 아무나가 피우는가. 재주껏 발돋움을 해 보아야 '메이지 캐
러멜', '모리나가 밀크'가 고작이며 담배는 십 전짜리 '피전'이 상한
선. 조선인은 그 정도로 상류에 속한다고 착각들 한다.

아이들 역시 동전 한 닢으로 향료도 없는 흑설탕의 눈깔사탕 한두
개, 센베이가 두세 개, 그걸 입에 물면 행복해지는데 단순한 그 행
복도 위협을 받고 마음에 상처를 받아야 얻어진다. 과자점의 하얀
앞치마 입은 오카미상은 동전을 내미는 아이를 노려보기 일쑤였
고 과자 집게가 아이 손에 닿지 않게 사탕을 떨어뜨려 주곤 했었다.
(중략) 일인 업주는 소비자를 거지 보듯 오만불손하였고 식민지의
가난한 백성은 내 돈 내고도 빌어서 먹는 시늉을 해야만 했다.

― 《토지》, 4부 1권, 10쪽

지금도 '센베이 과자'라 불리는 전병煎餅은 일제 강점기 때 우리
나라에 들어와 오랫동안 사랑받아 온 과자다. 일본은 에도 막부 시대부
터 빵을 군대 식량으로 비축하기 위해 많은 노력을 기울였다. 1898년
일본 육군은 영국, 프랑스, 독일 등지에 조사단을 파견해 현지의 군용
빵을 조사하고, 1905년에는 밀가루, 쌀가루, 계란에 맥주 효모를 배합
해 '고빵'을 만들었다. 이 빵은 러일 전쟁 때 군대 식량으로 대단한 활
약상을 보여 줬다. 또 볶음 콩가루를 넣어 베이킹파우더로 부풀린 '오

쓰빵'도 만들었는데, 이 빵은 일본인의 입맛에 맞게 빵에 쌀가루, 볶은 콩가루, 검은깨 등을 첨가한 것이다. 그 밖에 비상식량으로 비축할 수 있는 '건빵'도 탄생했다.▼ 이렇게 앞서가는 다양한 제빵 기술은 값싼 밀가루와 베이킹파우더, 사카린을 섞어 구운 센베이 과자를 만들었고, 속에 달콤한 팥소가 든 고급 생과자를 만들어 우리들의 입맛을 사로잡았다.

> 없는 것이 어디 그것뿐일까. 코딱지만 한 남의 곁방살이, 처마 밑이 부엌이며 아궁이에 지필 나무 한 가치 없고 간장 된장도 사 먹어야 하는 뜨내기 살림, 아이 입에 사탕만 물리던가? 돈 생기면 허기부터 달래려고 우동을 사 먹게 된다. (중략) 급한 김에 아이 입에 사탕 물리고 허기 달래려고 우동이며 국수며 혹은 떡이며 해서 이들은 왕도 손님도 아닌 거지의 시늉을 내는 소비자인 것이다.
>
> — 《토지》, 4부 1권, 13-14쪽

밀가루를 반죽하여 숙성시킨 다음 통통하게 뽑아 가쓰오부시 국물과 튀긴 유부를 넣은 대표적인 일본 음식인 우동도 일제 강점기부터 우리나라에서 사랑 받은 음식이다. 우동은 밀가루의 찰기 있는 탄력성을 이용하여 만든 면麵 음식이다. 에도 막부 시대에는 튀김 기름이 화재의 원인이 된다고 여겨 건물 안에서 영업하는 것을 금지했다.▼▼

▼　　오카다 데쓰 지음, 정순분 옮김, 《돈가스의 탄생》, 뿌리와이파리, 2006, 149-151쪽.
▼▼　오쿠보 히로코 지음, 이연숙 옮김, 《에도의 패스트푸드》, 청어람미디어, 2004, 8-80쪽.

보리 우동

장어 구이

또 대도시 에도에는 일용직 근로자, 가족과 떨어져 혼자 지내는 남성들이 많아 밖에서 손쉽게 먹을 수 있는 음식이 인기가 있었다. 따라서 준비된 면에 국물만 부으면 완성되는 메밀국수, 우동 그리고 덴푸라튀김, 장어구이 등을 포장마차나 노상에서 팔았다. 또 이때 우동과 늘 세트 메뉴로 나왔던 다쿠앙(단무지)이 등장한다. 다쿠앙은 무를 시들시들하게 말려 소금에 절인 음식으로 쌀의 속겨로 격지를 지어 담가 만드는 일본식 짠지다.

근대화와 함께 도시화가 진행되면서 유동 인구가 많은 도심에는 으레 간편식을 애용하게 되는데, 이러한 산업 구조와 생활 양식 변화는 우리의 음식 문화에도 많은 영향을 미쳤다. 메밀국수, 우동과 같은 일본의 간편식 수용은 선진 문물에 대한 동경과 함께 더욱 적극적으로 받아들여졌다.

동경 유학파의 엘리트 문화와 서양 음식

근대 문명이 자리 잡아 근대화가 시작되었고, 그것은 다시 산업화와 도시화라는 모습으로 우리 앞에 나타났다. 문화는 한 인간 집단의 생활 양식 총체라는 뜻인데 1920년대 문화는 오히려 문명개화文明開化라 불리며 문명에 가깝게 이해되었다.▼ 과학으로 대변되는 근대 문명의 근간이 되는 문명 도래 처는 서양이었다. 일본의 식민 통치에 의해 근대화를 맞이한 우리는 일본을 통해 서양 문화, 즉 과학으로 대변되

▼ 고석규 지음, 《우리는 지난 100년 동안 어떻게 살았을까–문화, 그 말의 출처는》, 역사비평사, 2008, 61–75쪽.

204

는 서양 문물을 접하게 되었다. 일본 역시 메이지 시대에 빠른 속도로 근대화를 이뤄 가는 과정에서 서구 세계를 모방하기에 급급한 분야도 있었고, 서양에서 들어온 상품과 풍조를 숭배하는 분위기가 오랫동안 지속되기도 했다.

개화기 이후 한발 앞선 선진 문물을 배우기 위해 일본 동경으로 유학을 가는 학생들이 많아졌다. 문명개화 욕구와 선진 문명 경험은 지식과 기술을 쌓을 기회를 주었고, 이론 학습을 바탕으로 현실 인식과 미래 전망을 가능하게 했다.▼▼ 동경 유학파를 중심으로 유학생들은 일본이 앞서 받아들인 서양 문명을 체험하게 되었으며 서양에서 들어온 상품과 풍조 역시 동경하게 되었다. 유학파를 중심으로 조선에서도 엘리트 문화를 형성했으며, 소설에서는 이들을 주로 커피와 홍차 마시는 모습으로 묘사했다.

커피, 홍차로 대변되는 서양 문물과 음악회, 화랑, 골프 등의 문화 향유는 세련됨의 상징이었으며 누구나 누릴 수 없는 소수의 특권이었다. 이러한 경험은 특수한 계층 문화를 만들어 가기에 충분했다. 《토지》에 등장하는 대표적인 서양 음식은 커피, 홍차, 빵, 양주, 오렌지 주스, 샐러드, 수프, 포도주 등이다. 특히 빵은 서양의 주식으로 쌀밥에 익숙한 우리에게 받아들여지기란 쉽지 않았지만 일본을 통해 우리나라 사람들의 입맛에 더욱 쉽게 접근될 수 있었다.

빵은 16세기에 일본에 전해졌지만, 오랜 쇄국 정책으로 빛을 보

▼▼   Kim, J. Y. (2004). A Study on the Spatial Experience and Representation of the Japan-Studied Students in Modern Times. Korean J. The Korean Language and terature, 32, 241–272.

지 못했다. 그러다 막부 말이 되면서 군용 빵을 개발하기 시작했다. 육해군이 정백미精白米 과잉 섭취로 비타민 B1이 부족하게 되자 각기병이 발병했고, 이에 대한 대책으로 빵을 군사 식량으로 채택한 것이다. 그러나 빵은 서민들이 좀처럼 익숙해지기 어려운 외국 음식이었다. 그러다 1874년, 밀가루 빵 속에 단팥을 넣은 단팥빵이 등장하자 눈 깜짝할 사이에 전국을 제패하고 천황의 식탁에까지 오르게 되었다. 아래에서 위로 진행된 커다란 변화였다.▼ 그리고 이러한 일본의 빵이 일제 강점기에 우리나라에 등장한다.

> 일부러 그들 가까운 곳에 자리를 잡은 선혜는 "애기야? 나한테도 커피 한 잔 주겠니?" 푸른색 가운을 입은 소녀는 덧니를 보이고 웃으며 "네." 커피를 가지러 간다. 선혜는 콤팩트를 꺼내어 얼굴을 비쳐보며 눈썹 옆에 난 뾰루지에 신경을 쓴다.
>
> ─《토지》, 3부 3권, 281쪽

서양 문물에 눈을 뜬 지식인들이 늘어나면서 다방이 서울 명동과 종로 그리고 지방 소도시에 생겨났다. 당시의 다방은 식민지 말기 패배한 지식인들의 집합소 같은 곳이었다. 커피를 마시는 것이 마치 지식인과 문화인을 상징하는 것처럼 비쳤던 시대였다. 비록 그 값은 비쌌지만 커피 마시는 모습을 보여 주며 자신을 과시하려는 욕구는

▼ 오카다 데쓰 지음, 정순분 옮김, 《돈가스의 탄생》, 뿌리와이파리, 2006, 149–151쪽.

더욱 커졌다. 초창기 커피는 서양적 산물의 상징이었으며 동시에 엘리트 문화를 향유하는 것이었다.

아픔이 서려 있는 《토지》 밥상

《토지》를 관통하는 한국인의 정체성은 바로 한(恨)이다. 우리 민족이 가장 어려웠던 시기라 할 수 있는 일제 강점기를 다루기 때문이다. 이 시기에 일본의 수탈은 극도에 달하고 백성들은 굶주림에 시달렸다. 그러나 일본 음식과 서양 음식이 이 땅에 많이 들어온 시기이기도 했다.

굶주림을 달래기 위해 많이 끓여 먹었을 보리죽, 한 끼 간단하게 해결하기 위해 많이 먹었던 국밥 그리고 늘 우리 민족과 함께한 산채나물도 빠지기 어렵다. 그 시절에도 늘 먹기를 갈망했던 고기와 생선, 그중에서도 겨우 해 먹었던 소금으로 절인 고등어자반구이다. 당시 일본의 영향으로 이 땅에 들어온 일본식 야채 절임인 오싱코와 일본식 과자인 센베이 그리고 중국인이 만들어 팔던 호떡도 있다. 그리고 빼놓을 수 없는 현대인의 음료 커피도 상에 올렸다.

5

이상과 심훈

문화 대격동 근대 시기 음식

〔 반 〕

《어리석은 석반》, 《상록수》는 어떤 작품인가?

근대 시기는 우리나라 역사상 가장 역동적인 시대다. 문학, 미술, 복식, 의학 등 다양한 분야에서 이 시대를 주목하며 음식 문화 측면에서도 이 시기는 흥미롭다. 수천 년을 지속해 온 한민족의 음식 문화는 근대에 들어서면서 큰 변화를 겪는다. 물론 식생활의 계층화가 일어나는 삼국시대, 한식이 크게 발달하는 조선 전기 그리고 한식이 완성되는 조선 후기에도 우리의 식생활은 큰 변화를 겪는다. 그런데 왜 근대기에 가장 큰 변화를 겪었다고 하는 걸까? 이는 근대 시기에 쌀 위주의 오랜 식사에서 생소한 서구의 빵 문화가 들어오고, 이로 인해 우리 식생활이 이전과는 다른 모습을 보이기 때문이다. 근대 사회로 변화되는 시기를 개화기라고도 하며, 쇄국 정책이 풀리면서 외국의 새로운 문물이 이 땅에 물밀듯이 들어오게 된다. 이 시대에는 이전의 조선 후기와는 비교할 수 없을 정도로 음악, 미술, 연극, 문학 등 다양한 분야에서 문화적 실험이 이루어졌다.

한국 근대 소설은 1906년부터 1945년까지의 소설 또는 이광수의 《무정》(1917)을 기준으로 삼는다. 무엇보다 근대 소설은 당시 시대를 설명하는 가장 좋은 문화 매체다. 일제 강점기인 1920-1930년대는 외국인들이 이 땅에 들어오면서 근대화 물결이 시작되고, 봉건적인 전통 질서가 무너지던 시기다. 일제의 식민 정책과 근대화 담론이 이루어지던 이 시기의 소설은 다양한 가치를 복합적으로 내포하고 있다. 특히 소설이 내포하는 다양한 가치 중에서도 음식이라는 기호는 흥미롭다. 그동안 음식은 단순히 영양과 건강이라는 양생 관점에서 주로 다루어 왔다. 이제 근대 소설 속 음식을 통해 근대 음식 문화를 살펴보고 이를 현대 음식에 재조명해 보고자 한다. 언어로 쓰인 소설에 등장하는 음식은 시대의 실마리를 푸는 기호, 즉 상징으로 작용한다. 소설에서 음식은 단순히 생리적인 본능을 해결하는 물리적인 실체가 아니라 관계성을 드러내거나 소통을 위한 음식, 그 사회를 설명하는 매개체로 작용하기 때문이다.

이번 장에서는 근대 시대를 대표하는 이상의 《어리석은 석반》 외 5개 작품과 심훈의 《상록수》 작품 속 음식 이야기를 다룬다. 이상과 심훈의 작품을 통해 근대 음식 문화를 살펴보려는 이유는 바로 이들이 근대라는 시기를 온 몸으로 살아 낸 동시대 작가이기 때문이다. 이상과 심훈은 근대라는 격변기를 겪은 지식인 소설가이지만 그들의 삶이나 추구하는 신념은 확연히 달랐고, 문학적으로도 서로 다른 평가를 받고 있다. 이 두 작가의 작품을 통해 근대기 음식 문화를 비교해 본다면 근대 한국 음식 문화를 이해하는 데 도움이 될 것이다.

▼ 5장은 필자가 참여한 《근대 한식의 풍경》(2014) 중 〈이상과 심훈을 통한 근대 문학 속 음식이야기〉를 재해석했음을 밝힌다.

▼ 5장에서 이상 《날개》, 《지팡이 역사》, 《어리석은 석반》, 《권태》, 《산촌여정》, 《H형에게》, 심훈 《상록수》는 모두 한국저작권위원회에 등록된 공유저작물을 참고했다.

이상 작품 속
음식 미학

　　이상1910-1937은 근대를 대표하는 시인이자 소설가로 건축 설계와
미술에도 뛰어난 재주가 있었다. 본명은 김해경으로 1929년 경성고
등공업학교 건축과를 졸업하고 그해 총독부 내무국 건축과 기사로 근
무했다고 한다. 이상이 살았던 지금의 서울, 경성에는 소위 모던 보이
들이 생겨나고 서구 문화의 상징인 커피가 유행했으며 다방이 곳곳에
있었다. 커피를 무척이나 좋아하고 서구 문물에 호의적이었던 이상은
당시 통인동에서 '제비'라는 다방까지 운영했다. 다방 제비는 이상이
폐결핵 요양차 황해도 배천 온천에 갔다 만난 금홍을 마담으로 둔 곳
으로, 1930년대 모더니스트들이 모이는 단골 장소였다. 그러나 금홍
이 떠나면서 1935년에 다방을 폐업하고 카페 '쓰루鶴', 다방 '무기麥'
등을 개업했으나 번번이 얼마 못 가 문을 닫았다. 이후 변동림과 혼인
한 뒤 일본 동경으로 건너갔으나 1937년 사상불온혐의로 구속되었고,
이로 인해 건강이 더욱 악화되어 그해 4월 동경대학 부속병원에서 젊

은 나이에 사망했다.

이상의 작품은 예전이나 지금이나 많은 사람들의 연구 대상이다. 현재도 많은 사람들이 이상 작품을 분석하고 해석해 이를 책으로 엮어 내놓는다. 이번 주제에서는 존재 자체로도 근대 문화 상징이었던 그의 작품 속에서 음식이 어떻게 등장하고 있는지, 이를 통해 근대의 음식 문화를 설명하고자 한다. 이상은 시와 수필 그리고 소설 속에서 음식에 대한 이야기를 이렇게 다양하게 풀어 놓는다.

굿바이. 그대는 이따금 그대가 제일 싫어하는 음식을 탐식하는 아이러니를 실천해 보는 것도 좋을 것 같소. 위트와 파라독스와… 그대 자신을 위조하는 것도 할 만한 일이오. 그대의 작품은 한 번도 본 일이 없는 기성품에 의하여 차라리 경편(輕便)하고 고매하리라.

(중략)

그리고는 경성역 일 이등 대합실 한 곁 티이루움에를 들렀다. 그것은 내게는 큰 발견이었다. 거기는 우선 아무도 아는 사람이 안 온다. 설사 왔다가도 곧 돌아가니까 좋다. 나는 날마다 여기 와서 시간을 보내리라 속으로 생각하여 두었다. 제일 여기 시계가 어느 시계보다도 정확하리라는 것이 좋았다. 섣불리 서투른 시계를 보고 그것을 믿고 시간 전에 집에 돌아갔다가 큰 코를 다쳐서는 안 된다.

(중략)

그러나 머리가 도무지 혼란하여 생각이 체계를 이루지 않는다. 단오 분이 못 가서 나는 그만 귀찮은 생각이 번쩍 들면서 심술이 났다. 나는 주머니에서 가지고 온 아달린을 꺼내 남은 여섯 개를 한꺼번에 질겅질겅 씹어 먹어 버렸다. 맛이 익살맞다. 그러고 나서 나는 그 벤치 위에 가로 기다랗게 누웠다. 무슨 생각으로 내가 그 따위 짓을 했나, 알 수가 없다. 그저 그러고 싶었다. 나는 게서 그냥 깊이 잠이 들었다. 잠결에도 바위틈으로 흐르는 물소리가 졸졸 하고 언제까지나 귀에 어렴풋이 들려 왔다.

— 《날개》, 1936

이상《날개》프롤로그에 "제일 싫어하는 음식을 탐식하는 아이러니를 실천해 보라"라는 글이 나온다. 제일 싫어하는 음식을 탐식하는 것은 주체와 타자, 시각과 촉각을 종합하는 날개의 인식론이자 소통 방식이다. 다시 말해 싫어하는 음식을 탐식하는 것은 주인공이 경성역 티룸에서 '잘 끓인 커피를 마신 일'과는 대비되지만, '아달린을 꺼내 여섯 알을 먹어버린 일'과는 상통한다. '아달린Adalin'은 당시 실제 독일 바이엘에서 내놓은 브로민 계열 수면 진정제 상품명으로 부작용이 심해 1971년에 사용이 금지된 수면제임에도 그는 여섯 알을 먹어 버린다. 커피는 주인공의 중요한 기호이지만 싫어하는 음식을 탐식함으로써 가장 확실하게 실체에 접근해 보라는 것이다.

견디다 못하여 나는 그만 이불을 걷어차고 벌떡 일어나서 내 방으로 갔다. 내 방에는 다 식어 빠진 내 끼니가 가지런히 놓여 있는 것이다. 아내는 내 모이를 여기다 두고 나간 것이다. 나는 우선 배가

고팠다. 한 숟갈을 입에 떠 넣었을 때 그 촉감은 참 너무도 냉회와
같이 써늘하였다. 나는 숟갈을 놓고 내 이불 속으로 들어갔다. 하룻
밤을 비었던 내 이부자리는 여전히 반갑게 나를 맞아 준다. 나는 내
이불을 뒤집어쓰고 이번에는 참 늘어지게 한잠 잤다. 잘~

─《날개》, 1936

배가 고파서 밥을 먹었지만 아내가 냉대 속에 차려준 밥이라 그
런지 이 촉감이 냉회와 같다고 표현하고 있다. 이상은 이런 방식으로
그의 작품 곳곳에서 음식을 하나의 상징으로서 등장시키고 있다. 음
식 비유를 통해 끊임없이 자신의 내밀한 욕망을 이야기하고 있음을
관찰할 수 있다. 또 다른 흥미로운 시도 있다. 금제라는 시에는 "내가
치던 개狗는 튼튼하대서 모조리 실험동물로 공양되고 그중에 비타민 E
를 지닌 개는 學究학구의 未及미급과 생물다운 질투로 해서 박사에게 흠
씬 얻어맞는다"라는 구절이 나온다. 이미 이 시대에 비타민 E가 보편
적 지식이었던 모양으로 이 시를 통해서 근대 시기의 영양소 지식이
어느 정도였는지 이해하는 재미도 있다.

다음《지팡이 역사》라는 이상의 수필에는 구첩반상이라는 표현
이 나온다. "반찬이 열 가지나 되는데"라고 하면서 이를 십첩반상이
아닌 구첩반상이라고 표현하고 있다. 아마 그 당시 민가의 최고 밥상
이 구첩반상이었으며, 그는 이러한 한식 상차림을 좋아하고 있음을
알 수 있다.

밥상이 들어왔습니다. 반찬이 열 가지나 되는데 풋고추로 만든 것

이 다섯 가지. 내 마음에 꼭 들었습니다. 여관 주인아주머니가 오더니 찬은 없지만 많이 먹으라고 그러길래 구첩반상이 찬이 없으면 찬 있는 밥상은 그럼 찬을 몇 가지나 놓아야 되느냐고 그랬더니 가짓수는 많지만 입에 맞지 않을 것이라고 그러면서 그래도 여전히 많이 먹으라고 그러길래 아주머니는 공연히 천만에 말씀이라고 그랬더니 그렇지만 쇠고기만은 서울서 얻어먹기 어려운 것이라고 그러길래 서울서도 쇠고기는 팔아도 경찰서에서 꾸지람하지 않는다고 그랬더니 그런 게 아니라 송아지 고기가 어디 있겠느냐고 그럽니다.

— 《지팡이 역사》, 1934

이상의 소설과 수필에는 소다, 코코아, 카스텔라, 아이스크림, 초콜릿, 캐러멜, 추잉껌 등 이 시대에 들어 온 서양 식품들이 눈에 띈다. 또한 일본의 음료수 브랜드 칼피스도 등장하는데 이는 비슷한 시기에 박태원이 발표한 《소설가 구보씨의 일일》에도 등장한다. 즉, 칼피스 같은 음료는 음식을 통해 자신을 구별 짓는 당대의 한 욕망을 상징하는데 이상의 작품에서도 커피를 비롯한 서양 문화의 대표적인 상징이라고 할 수 있는 음식들이 심심치 않게 나온다.

일제 강점기였던 당시, 일본식 채소 장아찌인 후쿠진스께, 아지노모도 심지어 왜떡이라는 표현도 나오는 것으로 보아 실제로 일제 음식을 많이 접하고 먹었던 것으로 보인다. 일본 음식뿐만 아니라 아스파라거스 같은 서양 채소는 물론이고 오렌지, 바나나 같은 과일도 심심치 않게 그의 글에서 만날 수 있다. 실제로 그가 27세의 젊은 나이로 죽어 가면서 먹고 싶어 한 것도 다름 아닌 멜론이었다. 그것도 센비키야 농원의 멜론이라고 그의 아내 변동림은 추억하고 있다. 그러니까 이상은 '모던 보이'라는 말답게 이 당시 근대 산물인 커피, 홍차, 코코아 같은 서양 음료와 서양 과자 그리고 서양 과일을 좋아했다. 그런데 이상의 근대적 음식 취향은 보통의 사람들과는 조금 다르다. 이상의 수필 중《어리석은 석반》내용 일부를 옮겨 보면 다음과 같다.

> 만복(滿腹)의 상태는 거의 고통에 가깝다. 나는 마늘과 닭고기를 먹었다. 또 어디까지나 사람을 무시하는 후쿠진스케(福神漬)와 지우개 고무 같은 두부와 고춧가루가 들어 있지 않는 뎃도마수 같은 배추 조린 것과 짜다는 것 이외 아무 미각도 느낄 수 없는 숙란(熟卵)을 먹었다. 모든 반찬이 짜기만 하다. 이것은 이미 여러 가지 외형을 한 소금의 유족(類族)에 지나지 않는다. 이건 바로 생명을 유지하는 데 목적을 두고 있는 완전한 쾌적 행위이다. 나는 이런 식사를 이젠 벌써 존경지념(尊敬之念)까지 품고서 대하는 것이다.
>
> ― 《어리석은 석반》, 1961

일본 음식에 대한 혐오와 더불어 물질적인 굶주림에 속수무책인 자신을 향한 자조적인 내용이다. 즉,《어리석은 석반》이란 제목에서 추측되듯이 어쩔 수 없이 선택할 수밖에 없는 어리석은 저녁밥이지만 그것이 생명을 유지하기 위해 필수적이라는 것을 할 수 없이 인정한다. 사실 예민한 미각으로 늘 힘들었던 이상 그도 음식을 먹고 생명을 유지할 수밖에 없는 세속적인 인간임을 고백하고 있다. 그러니 살기 위해 먹을 수밖에 없는 음식을 이제는 존경지심까지 가지고 대한다는 것이다. 생리적인 것을 해결해야 살 수 있는 인간의 나약함을 표현하고 있다.

> 밥상에는 마늘장아찌와 날된장과 풋고추조림이 관성의 법칙처럼 놓여 있다. 그러나 먹을 때마다 이 음식이 내 입에 내 혀에 다르다. 그러나 나는 그 까닭을 설명할 수 없다.
> 마당에서 밥을 먹으면 머리 위에서 그 무수한 별들이 야단이다. 저 것은 또 어쩌라는 것인가. 내게는 별이 천문학의 대상이 될 수 없다. 그렇다고 시상(詩想)의 대상도 아니다. 그것은 다만 향기도 촉 감도 없는 절대 권태의 도달할 수 없는 영원한 피안이다. 별조차가 이렇게 싱겁다.
>
> — 《권태》, 1937

> 유자가 익으면 껍질이 벌어지면서 속이 비어져 나온답니다. 하나를 따서 실 끝에 매어서 방에다가 걸어 둡니다. 물방울져 떨어지는 풍 염한 미각 밑에서 연필같이 수척하여 가는 이 몸에 조금씩 조금씩 살이 오르는 것 같습니다. 그러나 이 야채도 과실도 아닌 유머러스 한 용적에 향기가 없습니다. 다만 세숫비누에 한 겹씩 한 겹씩 해소 되는 내 도회의 육향(肉香)이 방 안에 배회할 뿐입니다.
>
> — 《산촌여정》, 1935

이상은 《권태》에서 마늘장아찌와 날된장, 풋고추조림은 일상 음식이었지만 매번 다르게 느낀다고 했다. 또 《산촌여정》에서는 유자라는 과채 하나를 실 끝에 매달아 두고 보면서 그는 여러 가지 상념을 풀어 놓는다. 그런데 이렇게 근대의 서구적인 미각을 추구했던 이상이지만 마지막으로 그가 목말라하고 진정으로 먹고 싶어 한 음식은 서양 음식이 아니었다. 그 음식은 그의 수필 《H형에게》에서 읽어 낼 수 있다.

정직하게 살겠습니다. 고독과 싸우며 오직 그것만을 생각하며 있습니다. 오늘은 음력으로 제야입니다. 빈대떡, 수정과, 약주, 너비아니, 이 모든 기갈의 향수가 저를 못살게 굽니다. 생리적입니다. 이길 수가 없습니다.

가끔 글을 주시기 바랍니다. 고독합니다. 이곳에는 친구 삼을 만한 사람이 없습니다. 아직 발견하지 못했습니다. 언제나 서울의 흙을 밟아 볼는지 아직은 망연합니다. 저는 건강치 못합니다. 건강하신 형이 부럽습니다. 그러면 과세(過歲) 안녕히 하십시오. 부인께도 인사 여쭈어 주시기 바랍니다.

— 《H형에게》, 연도 미상

결국 이상이 고독한 제야의 밤에 그토록 먹고 싶어 한 음식은 커피가 아닌 유년 시절 섣달 명절이면 먹었던 빈대떡, 수정과, 너비아니였으며 술도 그 당시 유행하던 맥주나 양주가 아닌 우리의 전통 약주

빈대떡과 막걸리

라고 고백하고 있다. 그는 가까운 형에게 보낸 편지에서 한식에 대한
갈망을 생리적인 욕구로 표현하며 그 욕구를 이길 수 없는 정도라고
까지 말하고 있다.

이 시대에 필요한《어리석은 석반》밥상

이상은 예민한 미각의 소유자다. 그런 그가 일제 강점기에 살아가기 위해 선택한 '석반', 즉 저녁밥은 짜기만 하고 맛도 없어 이를 '어리석은 석반'이라고 불렀다. 현재 우리는 과식의 시대에 살고 있다. 어쩌면 절제된 소식과 거친 음식이 필요한 시대인지 모른다. 이상이 말한 어리석은 석반은 '오로지 생명 유지에 필요한 것'이라는 식사의 원래 목적에 오히려 부합한 한 끼가 아닐까 한다. 그의 수필에 등장하는 마늘 닭고기 볶음, 배추 조림, 후쿠진스케, 삶은 달걀로 밥상을 차렸다.

심훈《상록수》속
음식 담론

심훈1901-1936은 농촌 계몽 소설《상록수》를 쓴 소설가이자 시인, 독립운동가, 각본가, 영화감독으로 본명은 심대섭沈大燮이다. 경성제1고등보통학교 재학 시에 3·1 운동에 참가해 4개월간 복역하고 출옥 후 상하이에서 대학을 다녔다. 그 후 1923년부터 기자 생활을 하면서 시와 소설을 쓰기 시작했다. 1926년 동아일보에 영화 소설《탈춤》을 연재한 것이 계기가 되어 영화를 만들기도 하고, 그 후 신문에 다양한 소설을 연재했다. 그러다가 1935년에 농촌 계몽 소설《상록수》가 동아일보 창간 15주년 기념 현상 소설에 당선되면서 크게 각광받았다.

《상록수》는 일제 강점기인 1935년에 나온 농촌 계몽 소설이자 중장년층 대부분이 기억하는 한국의 대표 소설이다.《상록수》는 발표된 당시에도 많은 젊은이들을 농촌으로 불러 모아 계몽 운동을 하게 했지만, 그 이후에도 많은 젊은이들에게 농촌 활동의 꿈을 갖게 한 소설이다. 또한《상록수》는 교과서에도 실리고 오늘날에도 읽히고 있는 소설 중 하나일 정도로 영향력 있는 소설이다. 1981년에는 일본에서도 이 책이 출판되어 좋은 반응을 얻기까지 했다. 지금도 가끔 이 책을 든 일본인들이《상록수》의 배경이 되는 충청남도 당진에 찾아온다고 한다.▼

《상록수》는 박동혁과 채영신이라는 젊은 두 청년의 '계몽 운동'과 '사랑'에 대한 이야기로 두 주인공은 문화 운동으로서의 농촌 운동을 극복하고, 경제 운동으로서의 농촌 운동을 펼쳐야 한다고 주장한다. 그 당시 농촌에 만연했던 고리대금업을 금지하고 농지령을 개혁해야 하며 반상 철폐와 관혼상제 비용 절약 등을 주장한다.《상록수》는 당시 풍조였던 '브나로드 운동'을 실천한 소설이다. '민중 속으로'라는 뜻인 '브나로드'는 19세기 후반 러시아에서 일어난 농촌 계몽 운동으로 1930년대 우리나라에서 지식 계층이 민중 계몽을 위해 내세운 슬로건이다. 이렇게 많은 의미가 있는 한국의 대표 소설《상록수》를 하나의 콘텐츠로 삼아 음식 이야기를 해 보고, 또 이를 통해 '상록수 밥상'을 제시해 보려 한다.

《상록수》에 대한 그간의 평가는 당대 브나로드 운동과 연계한 농민 문학 범주 속에서 주로 이루어졌다.《상록수》는 1930년대 중반 이광수의《흙》과 이기영의《고향》등에서 제기한 민족주의와 계급주의라는 이념을 극복하자는 과제에서 출발한 소설이다. 그러나《상록

▼ 충청남도 당진에는 1932년 그가 서울 생활을 청산하고 아버지가 있는 곳으로 내려와 직접 설계해 지은 필경사가 있다. 필경사는 소설가이자 영화인인 심훈의 문학 산실이었던 집으로 아담한 팔작지붕을 한 목조 건물이다. 현재 필경사는 충청남도 기념물 제107호로 지정되어 당진시에서 소유 및 관리하고 있다.

수》는 농민 문학의 선구적인 작품이라는 긍정적인 평가를 받는 동시에 주인공의 시혜적인 자세와 농민 계몽 의지가 낭만적인 형태를 띠고 있다는 점에서 부정적인 평가를 받기도 한다. 이런 부정적인 평가를 접어 두고《상록수》는 뚜렷한 목적을 가지고 쓴 계몽 소설이면서도 대중적 호응을 작품 속에 담고 있다는 점에서 뛰어난 글이라는 건 분명하다.

이 글에서는《상록수》의 이러한 소설적 관점을 벗어버리고 작품 속에 등장하는 음식을 통해 새로운 음식 문화 읽기를 시도해 보려고 한다. 먼저 이 시기에 서양 음식으로 카레라이스와 오믈렛이 등장하고 유성기, 오케스트라 같은 서양 문화를 즐기고 있었음을 알 수 있다. 또한 일본 음식인 미소시루와 다꾸앙도 이미 기숙사 일상 음식으로 등장하고 있다.

유성기를 틀어 오케스트라(交響樂)를 반주 삼으며, 여러 사람은 영신이가 만든 라이스카레와 오믈렛 같은 양식을 먹으면서 이야기판이 벌어졌다.

이야기판이 벌어졌대도 영신은 이 집의 식모와 함께 시중을 드느라고 부엌으로 들락날락하고, 농민수양소 여자부에서 초대를 받아 온 시골 학생들은 처음으로 먹는 양식을 잘못 먹다가 흉이나 잡힐까 보아 포크를 들고 남의 눈치들만 보는데, 백씨 혼자서 떠들어댄다.

통배추 김치에 된장찌개를 보니, 영신은 눈이 버언해져서 저도 모르는 겨를에 일어나 앉았다. 보기만 해도 입에 침이 고여서 기숙사 식탁에 허구한 날 놓이는 미소시루와 다꾸앙쪽을 생각했다. 영신은 이야기도 못 하고, 장위에 배인 고향의 음식을 걸터듬해서 먹었다.

— 《상록수》, 1935

과일로는 참외나 수박이 등장하고 황률이나 대추도 등장한다. 그리고 금분이란 학생이 자신의 선생님인 영신에게 껍질을 말끔히 깐 도토리를 주머니에 넣어 주고 도망치는 모습도 나온다. 떫어서 먹지 못하는 도토리조차 고픈 배를 채우는 간식이 되었음을 알 수 있는 대목이다.

"나는 이런 정경을 눈앞에 그려 보구 있었는데…… 들판(平野)의 정자라구 헐 수 있는 원두막에서 우리들이 모였다구 칩시다. 몇 사람은 밭으루 내려가서, 단내가 물큰허구 코를 찌르는 참외나, 한 아름이나 되는 수박을 둥둥 두드려 보고는 꼭지를 비틀어서 이빨이 제리 두룩 찬 샘물에다가 흠씬 담거 두거든요. 그랬다가 해가 설핏 헐 때 그눔을 끄내설랑 쩍뻐개 놓구는 삑 둘러앉아서 어적어적 먹어 가며 얘기를 했으면 아마 오늘 저녁의 백선생이 허신 말씀이 턱 어울릴 겝니다."

한번은 이런 일까지 있었다. 어느 눈 내리던 날 밤, 야학을 파하고 사숙으로 돌아가는 길인데, 아버지도 어머니도 잃어버리고 일갓집에 붙어서 사는 금분이란 계집애가 숨이 턱에 닿아서 쫓아오더니, 선생님의 재킷 주머니에다가 꽁꽁 언 손에 쥐고 있던 것을 넌지시 넣어주고 달아났다.

"아서라, 이런 것 가져오지 말구우 네나 먹어라, 응" 하면서도 영신은 어린애의 정을 물리칠 수가 없어서, '왜콩이나 밤톨이거니' 하고 만져 보지도 않고 가서 재킷을 벗어 거는데 방바닥으로 우르르 쏟아지는 것을 보니 껍질을 말끔 깐 도토리였다.

— 《상록수》, 1935

《상록수》에는 농촌을 배경으로 한 소설답게 많은 나물이 등장하고 있다. 참죽나무에 순이 나면 못자리를 하는 풍경이 묘사되기도 하고, 양념이 귀하여 장물을 찔끔 친 갯나물, 짠지 등이 반찬으로 등장하기도 한다. 또 새우, 준치, 숭어도 등장하고 거기다 사정이 좀 나아지면 새우가 들어간 충청도식 지짐이도 등장한다. 지짐이는 국물이 찌개보다는 적고 조림보다는 많은 짭짤하게 끓인 음식으로 동혁이 형제의 상찬^{매우 좋은 반찬}으로 나온다.

"저녁 먹어라" 하는 어머니의 목소리와 함께 된장찌개 냄새가 허기가 지도록 시장하던 동혁의 코에 맡혔다. 장물을 찔끔 친 갯줄나물과 짠지쪽이 반찬이다.

"동화는 그저 안 들어왔어요? 들어오건 같이 먹지요."

동혁은 벌떡 일어나며 아우를 찾는다.

— 《상록수》, 1935

술도 빼 놓을 수 없는 농촌 풍경으로 술에 대한 이야기가 많이 등장한다. 소설 속에서는 수수 막걸리가 등장한다. 약물과 누룩 국물이라는 표현도 나오는데, 이는 약주인 청주와 밑에 가라앉은 막걸리를 지칭하는 것이다. 그리고 이때도 술 담그는 것이 금지되어 있었지만 집집마다 밀주를 담근 것을 알 수 있다. 그리고 말라빠진 굴비, 낙지 대가리, 마늘장아찌가 일상적인 안주였지만 고급 안주로 어란과 육포도 등장하고 있어 다양한 식생활을 했음을 알 수 있다.

"술두 다들 끊으셨다죠?"

영신의 묻는 말에 동화는 슬금슬금 꽁무니를 뺀다.

"술두 엄금이에요. 내 의견 같아선 막걸리 같은 곡기 있는 술은 요기두 되구 취허지 않을 만치 먹으면 흥분두 돼서 일두 훨씬 붙건만, 젊은 기운이라 입에만 대면 어디 적당 허게들 먹어야지요. 신작롯가에 술집이 둘이나 되구 계집들이 들어와서 젊은 사람의 풍기두 나뻐지길래 회원들은 당최 입에두 대지 않기루 했어요. 허지만 혼인이나 환갑 같은 때는 더러 밀주들을 해먹는 모양입니다."

"그럼, 예서래두 한잔 해야겠네. 술을 입에두 안 댄다니 파계(破戒)를 시키군 싶지만, 워낙 자넨 고집이 센 사람이 돼 놔서……" 하고 준비해 놓았던 술상을 내왔다. 술이란 저의 집에서 사철 떨어뜨리

호박김치

지 않고 밀주를 해 먹는, 보기만 해도 고리타분한 막걸리 웃국이요, 안주라고는 언제 보아도 낙지 대가리 말린 것에 마늘장아찌뿐이다.

— 《상록수》, 1935

한편 그 당시에 주로 먹었던 육류로는 닭이었고, 제사 때는 가장 귀한 닭인 씨암탉까지 잡았다고 나온다. 그리고 조금 형편이 나으면 계란으로 만든 수란과 닭볶음 정도였다. 그리고 귀한 손님을 대접할 때 송아지를 잡는 풍습은 그 이전부터 있었는지 건배가 영신에게 나중에 청석골에 가게 되면 그때는 송아지 한 마리를 잡아야 한다는 표현이 나온다. 또 하얀 쌀밥을 외씨^{오이 씨} 같은 하얀 쌀밥이라고 표현하고 통배추김치, 고기반찬은 늘 먹고 싶었던 음식으로 등장하니 이때도 늘 동경의 음식은 하얀 쌀밥에 통배추김치 그리고 고기반찬이었다.

"온 천만엣 말씀을 다 허세요. 이렇게 불시에 와 뵙게 돼서 여간 미안치가 않은데요." 하고 영신이가 마악 싸리문 안으로 들어서는데, 별안간 건배가 미쳐난 사람처럼 작대기를 휘두르며 뛰어나온다.

건배가 놓여 나간 닭을 잡으려고 작대기를 들고 논틀 밭틀로 껑충껑충 뛰어다니는 광경은 혼자 보기 아까웠다.

그는 닭을 잡아 가지고 헐레벌떡거리며 들어오더니, "이거, 우리 아버지 제사 때 잡으려는 씨암탉인데, 우리가 청석골 가면 송아지 한 마리는 잡으셔야 헙니다. 이게 미끼니까……" 하고 생색을 내고 나서, 푸득거리는 대로 흰 털을 풍기는 닭의 모가지를 바짝 비틀어 부엌 바닥에다 던지고는 손을 탁탁 털며 방으로 들어온다. 수란을 뜨고 닭고기를 볶고 하여서 세 사람은 아침을 맛있게 먹었다.

건배는 들은 체 만 체 하고, "아 그러구설랑 개상을 놓구 바심을 헌 뒤엔 방아를 찧어서 외씨 같은 하얀 쌀밥을 지어 놓구 통배추 김치에⋯⋯" 하고 마른침을 꿀떡 삼키는데, 영신은 항복이나 하는 듯이 손을 들고, "고만요 고만, 그만허면 다 알겠어요. 어쩌면 그렇게 입담이 좋으세요?" 하고 호호호 웃으며 건배의 입을 막듯하였다.

— 《상록수》, 1935

《상록수》의 배경이 된 당시 어려웠던 농촌 모습은 소설 곳곳에서 만날 수 있다. 이미 근대기로 비타민과 같은 영양학적 지식이 보급되고 있었지만 농민들에게는 그러한 영양학적 설이 적용되지 않았다. 오히려 칡뿌리나 나무껍질 등을 먹고도 살아남았다.

"허지만 우리 농민들의 육체는 비타민 A가 어떠니 B가 어떠니 하는 현대의 영양학설은 당최 적용되지 않는데 그래두 곧잘 살거든요" 하고 입 속으로 몰래 양치질을 하는 영신을 쳐다본다. 영신은 눈을 깜박이더니, "그렇구 말구요, 칡뿌리를 캐거나 나무껍질을 벗겨 먹구두 사는 수가 용허지요" 한다.
건배는 그 말을 받아 "흥" 하고 코방귀를 뀌더니, "그게 다른 게 아니라 기적이거든" 하고 하늘을 우러러 "헛허허허" 하고 허청웃음을 웃는다.

— 《상록수》, 1935

《상록수》에서는 부잣집에서 벌이는 잔칫상이 교자상이었음을
보여 주는데 이미 이 시대에 교자상이 보편화되었음을 알 수 있다. 또
읍내에서는 자동차를 타고 다니고 교자상이 차려지지만, 농촌의 머슴
들은 겨우 콩나물과 북어, 두부를 넣은 찌개와 고명도 없는 밀국수를
먹는다고 하여 다 같이 어려운 시절임에도 음식에서는 계층 차이가
컸음을 보여 준다.

덧문을 추녀 끝에 추켜 단 큰사랑 대청에는 군수의 대리로 나온 서
무 주임 이하 면장, 주재소 주임, 금융 조합 이사, 보통학교 교장 같
은 양복장이 귀빈들은 물론, 일가친척이 각처서 구름같이 모여들
어서 툇마루 끝까지 그득히 앉았다. 교자상이 몇몇이 나와서, 주전
자를 든 아이들은 손님 사이를 간신히 부비고 다닌다. 읍내서 자동
차로 사랑 놀음에 불려 온 기생들은(기생이래야 요릿집으로 팔려
온 작부지만) 인조견 남치마에 무릎을 세고 앉아서 풍악에 맞추어,
"만수산 만수봉에 만년장수 있사온데, 그 물로 빚은 술을 만년 배
에 가득 부어, 이삼 배 잡수시오면 만수무강하오리다" 하고 권주가
를 부른다.

머슴들은 바깥마당에다가 멍석을 주욱 폈다. 막걸리가 동이로 나오

는데 안에서는 고기 굽는 냄새가 코를 찌르건만. 그네들의 안주는 콩나물에 북어와 두부를 썰어 넣고 멀겋게 끓인 지짐이와 시루떡 부스러기뿐이다. 그러나 그것도 매방앗간에, 지난밤부터 진을 치고 있던 장타령꾼들이 수십 명이나 와르르 달려들어 아귀다툼을 해 가며 음식을 집어 들고 달아났다.

— 《상록수》. 1935

명절에는 많은 음식을 차리는 풍습이 있었지만 그렇게 할 수 없었던 일제 강점기 당시에는 명절 잔칫날 상차림이 얼마나 빈곤했는지를 소설 속에서 보여 준다. 명절이라고 해도 인절미조차 충족하게 해 먹는 집이 없고, 고기도 상해가는 돼지고기가 고작이었다고 한 어려운 실정을 보여 준다.

당신의 영원한 보호 병정 어느덧 해가 바뀌어 음력으로 정월이 되었다. 학원은 구습에 의해서 일주일 동안 방학을 했지만, 명절이라 해도 계집아이들이 울긋불긋한 인조견 저고리 치마를 호사라고 입고 세배를 다닐 뿐. 흰떡 한 모태 해 먹는 집이 없어 떡 치는 소리 대신에 여기저기 오막살이에서 널을 뛰는 소리만 떨컹떨컹 하고 들린다. 한곡리에는 풍물이나 장만한 것이 있어 청년들이 두드리지만, 그만한 오락 기관도 없는 청석골은 더한층 쓸쓸하다.

— 《상록수》. 1935

그밖에 《상록수》 속 여러 구절을 통해 그 당시 어려운 식생활을 짐작할 수 있다. 명절 전날 저녁, 동네에 육십 이상 된 노인이 있는 집에는 죽은 지 이틀이나 되어서 검푸르게 빛 변한 돼지고기가 두 근 혹은 세근씩이나 세찬이란 명목으로 배달되었다는 장면도 나온다. 또 추석 명절에는 조석으로 한 숟가락씩 모은 쌀을 빻아 풋밤과 호박고지를 넣은 시루떡을 찌고, 그들이 손수 심고 거두어들인 해팥과 콩으로 속을 넣어 송편을 빚었다고 한다. 그나마 추석에는 송편을 장만하여 어렵게 명절을 보내는 모습이 나온다.

자연 친화적인《상록수》밥상

《상록수》에 등장한 음식은 그 당시 농촌에서 즐겨 먹던 전통 음식이 많았다. 하지만 이를 토대로 밥상을 구성하려고 보니 그저 빈약하고 소박한 농촌 밥상이었다. 《상록수》 배경이 되는 일제 강점기는 어렵고 비참한 시기를 그대로 보여 주는 가난한 시절의 밥상이기 때문이다. 그러나 뒤집어 생각한다면 상록수 밥상은 자연친화적이면서도 건강 지향적인 밥상으로 재구성될 수 있다고 생각한다. 그래서《상록수》를 텍스트로 하되 여기에 등장하는 음식을 '상록수 밥상' 이미지에 맞게 재구성해서 밥상을 차렸다.

박속 낙지탕은 특히 서해안에서 많이 잡히는 낙지와 연한 박속을 접목시킨 음식으로 그 지역에서 즐겨 먹는 향토 음식이다. 우렁 쌈장 역시 바닷물과 민물이 만나는 삽교천 유역 우렁이 많이 난다는 지역적인 특징이 잘 반영된 음식이라 할 수 있으며, 여기에 여름의 호박잎을 쌈으로 준비했다. 가지 된장 구이는 여름에 가장 흔히 먹는 가지에 충청남도 향토 음식인 담북장을 된장 소스로 접목시켜 구운 음식이다. 도토리묵 무침 역시 충청도에서 먹을 수 있는 향토 음식으로 도토리묵을 잘 말려 두었다가 불려서 조리는 음식이다.

이상과 심훈이
사랑한 한식

　　이 주제에서는 근대를 살아간 빼어난 두 문학인 이상과 심훈의 작품을 통해 근대 음식 문화 풍경을 그려 보고자 했다. 주로 음식을 물질적인 것으로만 해석하는 기존 관점에서 벗어나 문학 속에서 음식의 의미가 어떻게 나타나는가를 살펴보았다. 근대는 한국 음식 생활사에 있어서 가장 중요한 격변의 시대다. 가장 급격한 음식 문화의 변천 시기를 겪으면서 현대 서구 생활이 시작되는 시기다. 근대 소설 속에 나타나는 다양한 서양 음식은 실제로 이를 잘 반영하고 있다. 그러나 과연 근대 시기에 새로이 들어와 즐겼던 음식을 서양 음식이라고만 단정 지을 수 있을지 궁금했다.

　　이상은 그의 작품에서 근대 시대 음식을 어떻게 이해했을까? '모던 보이'라고 불린 그가 느끼는 음식 미학은 무엇이었는지, 또 그는 전통적인 한국 음식을 어떻게 받아들이고 있었는지 알아봤다. 심훈은 소설가로서 잘 알려졌지만 사실 그는 소설가이자 시인, 각본가, 영화인이었고 근대적인 삶을 살았다. 이 두 작가는 서구 근대화의 세례를 받은 사람들이다. 심훈은 중국 유학을 다녀오고 영화를 제작한 근대의 모더니스트였다. 이상도 모더니스트로서 살았으며 그 시대 모던의 상징이었던 커피를 사랑하고, 실제로 다방까지 차려 운영했다. 또한 그 시대에 들어 온 캐러멜, 초콜릿과 같은 서구의 다양한 기호 식품을 누구보다 즐긴 서구적 음식 기호가 유별난 사람이었다.

서구 음식이 들어오면서 전통 한식이 요동쳤던 근대 시기에 이 두 작가의 작품을 통해 한식에 대한 생각을 읽어 내고 싶었다. 결과는 뜻밖이었다. 특히 이상은 그의 내밀한 속내를 보여 주는 수필《H형에게》에서 외로운 섣달 그믐날 그토록 그리워한 음식이 빈대떡, 수정과, 너비아니, 약주였음을 고백한다. 심훈도《상록수》에서 주인공 영신이 기숙사 생활을 하면서 못내 그리워한 음식도 고향의 음식들임을 고백한다.

동시대를 살았지만 전혀 다른 삶을 살았던 근대를 상징하는 두 소설가 이상과 심훈, 그들이 마지막으로 사랑한 음식은 한식이었다. 근대 시기에 가장 모던한 소설가였던 이상과 심훈의 작품 속에서 그들이 가장 그리워한 음식은 우리 민족 정서가 담긴 음식, 한식임을 확인했다.

6

판소리 다섯 마당

그 시대 삶을 읽어 내는 민중 음식

情

〔 정 〕

판소리
문학이란?

한국인의 식생활 역사를 거슬러 올라가면 우리 민족이 한반도에 정착한 구석기 시대로까지 소급된다. 그러나 한식이 오늘날과 같은 다채로운 상차림 구색을 갖추게 된 것은 조선 후기에 와서다. 조선 후기는 이전까지 이어 오던 봉건 사회가 해체되고 근대 사회로 이행되는 과도기로 우리의 고유한 식생활 전통이 확립된 시기다. 사회적인 가치 척도가 종래의 문벌이나 정치권력으로부터 재화 중심으로 변모했으며, 이전까지 신분 계층에 따라 구분되던 식생활 양상이 후기에는 부(富)의 수준에 의해 결정된다. 또 조선 후기에는 '실학'이라는 학문이 대두되어 사회 변화에 영향을 미치고, 새로운 현실 인식과 서민들의 의식 향상이 고조되었다. 일상생활 모습이나 주변으로 눈을 돌려 서민 문학이 발생했고, 관념적 표현보다는 사실적 표현을 강조했다. 그중에서도 판소리계 문학은 다양한 근원 설화를 바탕으로 오랜 기간에 걸쳐 여러 사람의 손을 거치면서 형성된다.

판소리는 음악적 요소, 문학적 요소, 연극적 요소가 한데 어우러진 일종의 종합 예술이다. 본래 열두 마당까지 있었다고 하나 오늘날까지 불리고 있는 것은 다섯 마당이다. 이러한 판소리 사설을 기록한 문서를 판소리 창본이라 하는데, 판소리 창본은 일개인의 창작물이 아니라 공동의 구비 서사물이 문자로 읽히는 판소리계 문학이다. 판소리 창본은 그 시대 음식 생활은 물론 음식을 통해 사회 구성원들이 중요시했던 관심사나 의식을 파악할 수 있다. 조선 시대 문헌이나 고조리서가 주로 문자 생활이 가능했던 양반가의 음식을 담고 있다면 판소리에 등장하는 음식은 생생한 서민들의 음식일 것이다. 이에 판소리 창본을 통해 서민들의 음식을 살펴보려 한다.

▼ 6장은 정혜경, 김미혜의 논문 〈조선후기 문학에 나타난 음식문화 특성〉(2007)을 재해석했음을 밝힌다.

《춘향전》
화려한 음식 잔치

　《춘향전》은 우리에게 익숙한 판소리계 소설이다. 비록《춘향전》을 읽지는 않았어도 그 스토리 전개를 모르는 한국인은 거의 없다. 우리는《춘향전》을 춘향이가 악독한 변사또에 맞서 투쟁한 권선징악 이야기나 아니면 춘향과 이도령의 절절한 사랑 이야기로 기억한다.《춘향전》은 서민들의 문제를 다루는 개방적이고 직선적인 내용을 담고 있다. 작품 속 갈등은 신분 구조 모순과 탐관오리 수탈 등에 기인하는 조선 후기 사회의 구조적 불합리함을 지적하는 민중의 항거다. 신관 사또에 대한 춘향의 저항은 인간다움을 성취하기 위해 수절할 것을 결심하는 사회적 질서에 대한 내면적 저항이다. 이러한 춘향의 투쟁이 당대 민중의 공감을 획득했을 뿐만 아니라 민중의 희망과 맞아떨어졌고, 여기에 어사또 출두로 극적인 반전까지 맞게 되면서《춘향전》은 많은 사람에게 환영받은 대표적인 판소리가 되었다.

　그래서일까?《춘향전》은 많은 이야기로 각색되어 인기 영화나

드라마의 주제로 현대까지도 끊임없이 회자된다. 그런데 음식 문화를 공부하는 입장에서 본다면 《춘향전》은 가장 좋은 음식 텍스트였고 그야말로 황홀한 전통 음식의 향연을 보여 준다. 어떤 음식 문헌에서도 볼 수 없었던 다양한 전통 음식이 나오기 때문이다. 그래서 이를 토대로 《춘향전》 속에 등장하는 음식 이야기를 해 보려 한다. 여기서는 많은 판소리 사설 중 그 필사 시기가 앞선 것 혹은 시기적으로 앞선 명창의 창본을 채택하여 분석했다. 줄거리는 비슷하나 그 표현 어휘나 방식이 조금씩 달라 조선 시대의 삶을 산 명창들의 창본이 당시 삶에 조금 더 가까운 표현을 쓸 것이라 생각했기 때문이다.▼

《춘향전》은 판소리 다섯 마당 중 가장 다양하고 많은 종류의 음식이 등장한다. 이는 《춘향전》의 배경인 전라도가 풍부한 곡식과 해산물, 산채 등 식재료가 풍부했고, 넓은 평야로 부유한 토반들이 대를 이어 살면서 좋은 음식을 대대로 전수했기 때문이다. 또한 수박, 사과, 고추 등 외래 농작물도 눈에 띄는데 조선 후기에 외래 농작물 유입이 조선 전역으로 보편화되었기 때문이다. 고추, 호박, 토마토, 사과, 수박, 옥수수, 고구마, 완두, 동부, 낙화생, 감자 등이 이 시기에 들어온 농작물이다.▼▼ 이러한 농작물은 청나라를 통한 경로^{수박, 토마토, 사과, 옥수수,} ^{낙화생, 완두, 동부, 감자}와 동남아 지역에서 일본으로 그리고 다시 일본에서 우리나라로 들어온 경로^{고구마, 호박} 2가지 경우였다. 특히 고구마와 감자는 구황 식품으로 그 가치를 인정받아 보급이 장려되었으며, 호박도 구

▼ 이 글에서는 신재효(1812-1884) 《남창 춘향가》 가람본, 장자백(1852-?) 《창본 춘향가》, 백성환(1894-?) 《창본 춘향가》를 참고했다.

▼▼ 이춘녕 지음, 《이조농업기술사》, 한국연구원, 1964, 57-89쪽.

황 식품으로 널리 이용되었다.▼

이 시기에 전래된 농작물 중에서 식생활에 가장 큰 영향을 준 것은 고추다. 조선 전기까지 쓰인 주요 향신료는 후추, 산초, 생강 등이었는데 여기에 고추가 향신료로 이용됨에 따라 식생활에 획기적인 변모를 가져오게 된다. 즉, 김치의 발달, 김장 풍속 정착과 함께 동식물성 식품이 한층 조화를 이루게 되었으며 맵게 먹는 식생활이 이때부터 시작되었다. 이러한 조선 후기의 식생활 변화를 《춘향전》에서 볼 수 있다. 《춘향전》에 나오는 음식 재료와 음식명을 아래 표에 정리해 보았다. 음식명은 원어명 그대로 사용해 판소리의 맛을 살렸다.

《춘향전》에 나오는 식재료와 음식 분류

식재료 (食材料)	동물성 (動物性)	쇼 반츠고기, 문어, 게란, 명틱, 멸치, 졈복, 싱치, 양회, 간, 천엽, 미쵸리, 낙지
	식물성 (植物性)	콩지렴, 곳쵸, 싱강, 슉운, 미나리, 춤지름, 기살구, 싱율, 슉율, 슈박, 강능빅쳥, 능금, 보도, 풋고쵸, 홋쵸, 파, 만를, 도라지, 싱쳥, 산칙, 고사리, 잣, 닌삼, 듸쵸, 호도, 슉운취, 쇄소금, 연근, 곡감, 편과
주식류 (主食類)	밥(飯)	밥
	면(麵)	국슈, 착면
부식류 (副食類)	탕(湯)	외쵸리탕, 슈란탕, 장국, 간장국
	찜(蒸)	연게찜, 갈비찜, 제육찜
	전(煎)	어전, 육전, 지지적
	적(炙)	죠락산적
	회(膾)	어호, 육호

▼ 이성우 지음, 《한국식품문화사》, 교문사, 1984, 214~237쪽.

	구이(糗餌)	싱치구이, 쩍벽기
	나물(菜)	청포치, 녹두치, 콩나물, 고사리, 미나리, 슉운치
	발효 식품 (醱酵食品)	졔리짐치, 단간장
기호식 (嗜好食) 및 별식 (別食)	떡(餠)	셜기, 송편, 졍졀편, 산비쩍, 쳥단, 슈단
	술(酒)	광흥쥬, 막썰니
	과자(菓子)	어과즈, 닌삼졍과, 샷탕, 잣박이, 연포
	과실(果實)	곡감, 기살구, 싱율슉율, 슈박, 능금, 보도, 디쵸, 호도
	음청(飮淸)	훗치, 귤병츠, 닝슈, 진쳥, 싱쳥

먼저 다양한 동물성 음식 재료들이 등장한다. 쇼 반츠고기^{쇠고기}, 문어, 계란, 명틱^{명태}, 멸치, 졈복^{전복}, 싱치^{꿩고기}, 양회^{소의 양}, 간, 쳔엽^{소의 위}, 미쵸리^{메추라기}, 낙지 등이 나와 쇠고기뿐만 아니라 소 내장인 양과 천엽을 회로 즐기고 메추라기에 꿩고기도 자주 등장한다. 그리고 전복과 문어, 명태, 낙지도 즐기고 있음을 볼 수 있다.

다음으로 식물성 재료는 콩지렴^{콩기름}, 곳쵸^{고추}, 싱강^{생강}, 슉운^{시금치}, 미나리, 춤지름^{참기름}, 기살구^{개살구}, 싱율^{생밤}, 슉율^{익은 밤}, 슈박^{수박}, 강능빅쳥^꿀, 능금^{사과}, 보도^{포도}, 풋고쵸^{풋고추}, 훗쵸^{후추}, 파, 만를^{마늘}, 도라지, 싱쳥^꿀, 산치^{산나물}, 고사리, 잣, 닌삼^{인삼}, 디쵸^{대추}, 호도, 슉운치^{시금치나물}, 쇄소금^{깨소금}, 연근, 곡감, 편과^{사과} 등이 나온다.

음식을 분류해 보면 주식류는 밥, 국슈^{국수}, 착면이다. 부식류는 외쵸리탕^{메추리탕}, 슈란탕^{계란탕}, 장국, 간장국, 연계찜^{영계찜}, 갈비찜^{갈비찜}, 제육썸^{제육찜}, 어젼^{생선전}, 육젼^{고기전}, 지지지^{부침개}, 죠락산젹^{달걀을 묻혀 지진 산적}, 어호^{생선회}, 육호^{육회}, 싱치구이^{꿩 구이}, 연포^{살점을 떠서 말린 고기}, 쩍벽기^{떡볶이}, 청포치^{청포묵}, 녹두치^{녹두나물}, 콩나물, 고사리, 미나리, 슉운치^{시금치나물}, 졔리짐치

절인 김치, 단간장 등이다.

기호식 및 별식으로는 떡이나 한과 그리고 음청류 같은 디저트를 즐기고 있었음을 알 수 있다. 떡류로 설기^{시루떡}, 숑편^{송편}, 정절편^{절편}, 산비썩^{산피떡, 팥을 껍질 채로 삶아 찐 떡}, 쳥단^{청단, 꿀물에 경단을 담근 것}, 슈단^{수단, 꿀물이나 오미자 물에 경단을 담근 것}이 나온다. 그리고 술로는 광호쥬^{강하주, 대추, 강활 등을 가미해 만드는 전통주}, 막껄니^{막걸리}가 나온다. 한과류와 차로는 어과즈^{어과자, 한과의 종류}, 닌삼졍과^{인삼정과}, 샷탕^{사탕}, 잣박이^{잣을 묻힌 박산자}, 귤병츠^{귤병차}, 홋치^{화채}, 진쳥^{별꿀}과 싱쳥^{가공하지 않은 꿀}이 등장한다. 과일류로는 곡감^{곶감}, 기살구^{개살구}, 싱율숙율^{생밤, 익은 밤}, 슈박^{수박}, 능금^{사과}, 보도^{포도}, 디쵸^{대추} 등이다.

판소리에 나오는 음식은 서민들이 일상적으로 즐긴 음식이라기보다는 먹고 싶었던 음식으로 당시 서민들의 음식 욕망을 대변하는 것으로 볼 수 있다. 비록 이 음식을 즐긴 계층은 양반들이지만 이를 요리하면서 가장 가까이에서 봤던 계층은 서민들이었고, 비록 먹지는 못했더라도 익숙한 음식이었을 것이다.

《춘향전》에는 음식 나오는 장면이 제법 많다. '춘향모가 이도령에게 술상을 대접하는 장면', '걸인 행색을 한 이도령에게 향단이 밥상을 차려 주는 장면', '이도령이 춘향을 업고 사랑가를 부르는 장면', '변사또 생일상에 걸인 어사또가 음식을 받는 장면' 등이다. 음식은 우리의 속마음을 전달하는 매개체 역할을 하는데, 다음 《춘향전》 속 두 장면에서는 등장인물은 같으나 상황이 바뀜에 따라 달라지는 음식으로 인물의 마음을 읽을 수 있다.

갈비찜

곳감

춘향모가 이도령에게 술상을 대접하는 장면

상을 듸리난듸 통영판으 금ᄉᆞ화긔 유리졉시 훌융니 채련난듸 셜긔 송평 절편니며 국슈 착면 잣쎄우고 빈당 삿탕 어과ᄌᆞ며 닌삼 졍과 연근니요 님실 곡감 보은 ᄃᆡ쵸 호도 ᄇᆡᆨᄌᆞ 젓듸리고 어호 육호 젼복 녹코 ᄆᆡ쵸리 ᄌᆞ반 ᄉᆡᆼ치 구어 쳡장 슈육 제육니며 ᄃᆡ양판 갈비찜 소양판 제윳점 썩벽기 죠란ᄒᆞ고 ᄎᆡ수 경기 인삼ᄎᆡ 도라지 수근ᄎᆡ며 ᄉᆡᆼ청 푸러 홧ᄎᆡ ᄒᆞ고 계란을 겻드리고 청동화로 ᄇᆡᆨ탄무더 젼골판 올여 녹코 찬긔름을 쥬루룩 부워 졔ᄌᆞ 홋쵸 곳쵸 녹코 ᄉᆡᆼ강 파 만를우으 ᄂᆡ쿤 후의 야간니라 셥셥ᄒᆞ옵ᄂᆡᄃᆞ 로련임 쳔만으 마리로셰 술ᄒᆞᆫ 부어들고 도련임 약쥬 바드시오.

— 백성환, 《창본 춘향가》

걸인 행색을 한 이도령에게 향단이 밥상 차려 주는 장면

부억의로 통통 드러가 먹든 밥 졔리짐치 픗고쵸 단간장 ᄂᆡᆼ슈 써 쇼반의 밧쳐 들고 셔방님젼 듸리오며 더운 진지할 동안의 우션 요구나 ᄒᆞ옵쇼셔.

— 백성환, 《창본 춘향가》

딸의 신분 상승을 꿈꾸는 춘향모에게 양반집 자제인 이도령은 백마 탄 왕자님일 것이다. 하여 귀한 과일, 전복, 약포, 수육 등의 진수성찬을 아끼던 백자 접시에 담아 술 한잔 가득 부어 대접하며, 이것도 부족하여 "야간이라 차린 것이 없다"라고 한다. 음식으로 표현되는 춘향모의 정성과 마음을 읽을 수 있다. 반면 같은 이도령이 등장하지만 상황이 전도되어 걸인 행색을 한 이도령을 춘향모는 그냥 보내려 한다. 하지만 향단이 춘향과의 정을 생각하여 소반에 식은 밥, 김치, 풋고추, 간장 등 조촐한 음식을 차려 온다. 이 두 장면에서 극명하게 나타나는 것이 바로 음식 상차림이다. 음식 상차림을 통하여 우리는 등장인물들의 의식을 읽을 수 있다. 음식은 이렇게 기호 속의 기호로서 작용한다.

이도령이 춘향을 업고 사랑가 부르는 장면

그러면 네 무엇 먹그랴는야 시금털털 기살구를 익기 셔는듸 먹의랴는야 안니 그것또 닋스 실어 어허둥둥 닋 스랑이야 그러면 네 무엇 먹의랴는야 청암의 절벽상의 쩌그르르 궁그러오난 싱율숙율을 네 먹그랴는야 안이 그것 또 닋스 실쇼 그러면 네 무엇 먹의랴는야 동굴동굴 슈박 옷 쏙지 쩨쩨리고 강능빅쳥을 다르르 부어 불근 졈만 네 먹의랴는야 안이 그것 또 닋스 실러 어허둥둥 닋 스랑이야 능금을 쥬랴 보도를 쥬워야.

— 백성환, 《창본 춘향가》

위 장면은 이도령이 사랑하는 춘향이를 업고 사랑가를 부르는 장면이다. 시큼한 개살구, 알차고 꽉 찬 알밤, 꿀을 부은 달콤한 수박, 새콤달콤한 사과와 포도에서 두 사람의 깊은 사랑을 느낄 수 있다. 이렇게 음식은 전달하고자 하는 사람의 마음을 함축하여 표현한다.

춘향모가 이도령에게 주안상을 대접하는 장면

상단이 다리고셔 잡술 상을 차리난듸 졍결가구 맛시 잇다 나쥬칠팔
모판의 힝즈질 졍이 ᄒ고 쇄금흔 애물 져붐 상하 아릭 씨셔 노코 鷄
卵다셧 슈란ᄒ야 쳥칙긔에 밧쳐 노코 가진 양염 만이 너허 쵸지령
을 졋씌리고 文魚 젼복(全鰒) 약포 ᄶᅩ각 빅쳐 졉시 담어 노코 상단
이 급피 시커 셔돈 엇치 藥酒 바더 春香어모 상을 드러 방안의다 노
의면셔 야간이라 셤셔ᄒ오 千万意外 말이로쇼 술 흔 잔 가득 부어
옛쇼 도련임 藥酒 잡슈.

— 신재효,《남창 춘향가》

상단이 나가든이 음식을 치리난듸 안셩유긔 통영칠판 쳔은슈졔 구
리젹슈 진진셔리 슈버리듯 쥬루루루 버려 녹코 솟기렷ᄯ 호죠판 딕
모양각 당화긔여 얼기셜기 숑편이며 네귀 번듯 졍졀편 쥬루루 역거
산비썩과 편과 진쳥 싱쳥녹코 죠락산젹 웃짐쳐 양회 간쳔엽 콩팟
양편의 버려녹코 쳥단 슈단의 잣박이며 인삼치 도라지치 낙지 연폭
콩지렴 숙운치로 웃짐을 쳐 가진 양님 묘여녹코 쳥동화로 빅탄슛
붓치질 활활ᄒ여 곳쵸갓치 일워녹코 젼골을 듸릴 젹의 살진 쇼 반
츠고기 반한도 드난 칼노 졈졈 편편 오려닉여 쇄쇼금 찬지름쳐 부
슈 쥬물너 지와닉여 딕양판 쇼양판 여도 담고 져도 담고 실실 푸두
둥 싱치다리 오도동 포도동 외쵸리탕 쇠ᄿᅵ요 연게찜 어젼육젼 지지
지며 슈란탕 쳥포치 지즈 곳쵸 싱강 마늘 문어 젼복 봉오림을 나는
다시 교여 녹코 산치 고사리 슈운 미나리 녹두치 만난 장국 쥬루루
듸려붓고 게란을 쏙쏙 씌여 웃싹지를 쩨고 질게 느리워라 손쓰건듸

쇼제 앗고 나무졔를 듸려라 교기 한 점 덥벅 집어 만난 지름 간장국의 풍덩 듸릿쳐 덥벅 피술 부어라 먹고 노즈(말노) 광호쥬 죠흔 술을 화잔의 가득 부어 상단이 식여 도련님젼 올니거날 도련님 술잔 들고 즈탄호여 호난 말이.

— 장자백, 《창본 춘향가》

《춘향전》에는 안성에서 나던 최고급 놋그릇인 안성유긔^{안성유기,} 최고급 은수저로 알려진 쳔은슈졔, 듸모양각 당화긔라고 부르는 대 모양을 돋을 새김하여 그려 넣은 중국의 사기그릇까지 등장한다. 그리고 스발^{사발}, 유리졉시^{유리접시}, 빅치졉시^{백자접시}, 쇼제^{쇠젓가락}, 나무졔^{나무젓가락}, 화잔^{꽃무늬 그려진 술잔}, 듸양판^{큰 양은그릇}, 청동화로^{청동화로}, 쇼양판^{작은 양은그릇}, 칼, 구리젹수^{구리로 만든 석쇠}가 나온다. 이를 통해 당시에 다양하면서도 고급스러운 소반 문화를 즐겼음을 알 수 있다. 또 통영칠판^{경상남도 통영에서 만드는 질 좋은 옻칠 소반}, 쇼반^{소반}, 호죠판^{오죽판. 빛깔이 검고 작은 대인 오죽에다 꽃을 그려 붙인 소반}, 나쥬칠팔^{나주에서 만드는 질 좋은 소반} 등이 등장해 음식을 담는 식기도 얼마나 소중히 여겼나를 짐작하게 한다.

당시 안성유기, 구리반상 등 반상기의 발달도 살펴볼 수 있다. 식사 때 격식을 갖춘 밥상 하나를 차리게 만든 한 벌의 그릇을 반상기라 한다. 반상기는 조선 시대에 이르러 놋그릇과 백자를 주축으로 사기, 칠그릇, 목기 등 다양한 재료가 사용되었으며 형태면에서도 다양한 종류가 완성되었다.▼ 반상기에는 밥그릇^{주발. 바리}, 국그릇, 김치보시

▼ 하은아(2004), 한국 근대적 문물 변천과정의 통시적·공시적 분석을 통한 디자인 발전과정의 해석–식생활 관련 제품을 중심으로–. 석사학위 논문. 서울대학교.

기, 종지, 쟁첩^{반찬 그릇}, 조치보, 수저 등이 한 벌을 이룬다. 반상기 크기는 모두 개인용 각상 차림을 기준으로 하되 형태는 음식 종류와 성별에 따라 달라진다. 또 계절에 따라서도 달라지는데 겨울용으로는 백통과 놋그릇, 여름용으로는 자기와 사기 등을 주로 썼다. 모든 반상기에는 뚜껑이 있으며 이는 더운 음식을 즐겨 먹는 우리의 음식 문화에 기인한다.

또한 춘향모가 이도령에게 주안상을 대접하는 장면^{신재효 남창}에서 등장하는 백자 접시로 미루어 보아 춘향의 집안 경제력까지도 짐작해 볼 수 있다. 백자는 조선 초기만 해도 왕실에서만 사용되었던 어기로 매우 귀한 것이었으며 후기에 와서도 일부 양반들만이 사용할 수 있었던 고가^{高價}의 식기였기 때문이다. 조선 후기 일반 서민들의 식기는 자기보다 질이 떨어진 옹기 위주의 질박한 그릇들로 오히려 자기보다 다양하고 실용적인 것이 많았다. 《춘향전》에 등장하는 사발, 종자기, 동의, 항아리, 술병, 호로병 등 대부분 식기들이 옹기일 것이며, 이런 여러 종류의 옹기그릇으로 다양한 조리법 발달, 저장 식품 발달 등 조선 후기의 풍성한 음식 문화를 엿볼 수 있다.

춘향모가 이도령에게 주안상을 대접하는 장면^{장자백 창본}에서 우리는 청동화로에 숯을 피워 산해진미를 넣고 전골을 끓여 주는 장면을 볼 수 있다. 이를 통해 당시 즉석에서 음식을 조리하여 먹을 수 있는 조리 용구가 발달했음을 알 수 있다. 가열 기구에는 화로^{청동화로}가 기본이 되며 여기에 다리쇠, 삼발이, 구리석쇠 등이 함께 사용되었다. 화로에 이용되는 조리 용구로는 전골틀, 전골냄비 등이 있고 가열과 조리를 분리하지 않고 동시에 조리하는 신선로 등이 이에 포함된다.

전골

화로는 숯불을 담아 놓고 평상시에는 음식을 데우거나 끓이는가 하면 아궁이에 불을 지필 때 불씨를 보관하는 용도로 이용했다. 화로를 이용해 먹은 음식으로는 전골이 대표적이다. 전골은 특히 추울 때 만들어 먹는 음식 중 하나로 궁중 음식에서 전래되어 주로 잔칫상이나 주안상을 차릴 때 곁상에 차려 내어놓았다. 전골틀은 이동형 난로와 화로 등에 얹어 놓고 사용하는 만큼 이동이 편리해야 하므로 손잡이가 달려 있는 것이 특징이다.

화려한 음식 잔치 《춘향전》 밥상

다음은 《춘향전》 속 등장한 음식으로 차려 본 밥상이다. 먼저, 과거 잔칫상에 빠지지 않았던 대표 음식 국수와 고조리서에 많이 등장한 닭을 부드럽게 요리하여 쪄낸 연계찜이다. 잔칫날 기름 냄새를 풍겼던 어전과 육전, 여러 재료를 꼬치에 꿰어 달걀을 묻혀 지진 화양적 그리고 여러 종류 생선으로 어회를 만들었다. 그리고 나물 반찬으로는 고사리나물, 후식으로는 절편과 화채, 과일로는 곶감을 차렸다. 함께 하는 전통주는 우리나라 대표 술인 막걸리를 준비했다.

《심청전》
효를 상징하는 음식

　《심청전》은 조선 시대 유교 사회에서 효를 상징하는 판소리다. 아버지의 눈을 뜨게 하기 위해 공양미供養米 3백 석에 몸을 팔아 인당수에 몸을 던지는 심청의 이야기는 효를 중시하는 한국인의 정서를 반영한다. 《심청전》에는 몰락한 양반의 곤궁한 생활상이 나오고 현실적인 가난을 효의 윤리로 극복하려는 의식 구조가 드러난다. 그리고 심청 어미인 곽 씨 부인의 품팔이 노래라든지 심봉사나 심청이 동냥하는 대목, 선인들이 사람을 사는 대목 등은 조선 후기 민중 사회 현실을 사실적으로 보여 주는 장면이다.

　《심청전》은 연대 미상, 작가 미상인 한국의 고전 소설이며, 판소리 형식의 《심청전》는 이 이야기의 가장 유명한 버전 중 하나다. 눈먼 아버지의 눈을 뜨게 하려고 자기를 희생하는 심청의 지극한 효성 이야기이기도 하지만 사람을 제물로 바치는 인신공희 성격의 설화도 담고 있다. 《심청전》에도 수많은 우리의 전통 음식이 나온다. 《심청전》을

통해 조선 후기 우리 음식 문화를 찾아 떠나 보자.▼

판소리는 그 시대 민중의 생활상을 다른 어느 분야보다 잘 표현하고 있어 판소리에 등장하는 음식은 그 당시 음식 특성을 사실적으로 잘 나타내 준다. 먼저《심청전》에 등장하는 식재료와 음식을 살펴보자.

《심청전》에 나오는 식재료와 음식 분류

식재료 (食材料)	동물성 (動物性)	갈의치, ᄌ반, 쇠고기
	식물성 (植物性)	쌀, 보리, 지장, 슈슈, 콩, 팟, 호도, 성유, 은행, 치자, 비자, 오미자, 감자, 대초, 생율, 능금, 외앗, 차도, 석과, 삼천벽도, 파래, 호모반도
주식류 (主食類)	밥(飯)	힙밥, 콩밥, 팟밥, 보리밥, 지장밥, 슈슈밥, 국밥, 암죽
	면(麵)	닝면
부식류 (副食類)	탕(湯)	신셜노, 오색탕수
	나물(茱)	나무식
	발효 식품 (醱酵食品)	짐치, 젓갈
기호식 (嗜好食) 및 별식 (別食)	떡(餠)	증편
	술(酒)	현쥬, 자하주, 천일주, 약쥬, 옥액경장
	과자(菓子)	약과, 빅ᄉ과잘, 다식, 정과, 류안과
	과실(果實)	호도, 성유, 은행, 오미자, 대초, 생율, 능금, 외앗, 차도, 석과, 삼색실과
	음청(飮淸)	화치, 감노수

▼ 이 글에서는 신재효《심청가 읍내본》(1870년 전후로 추측)과 이선유(1872–?)《창본 심청가》를 참고했다.

다음 표와 같이 동물성 재료는 갈의치^{갈치}, 즈반^{생선}, 쇠고기 등이

다. 식물성 재료는 쌀, 보리, 지장^{기장}, 슈슈^{수수}, 콩, 팟^팥, 호도, 성유^{석류},

은행, 치자, 비자, 오미자, 감자, 대초^{대추}, 생율^밤, 능금^{사과}, 외앗^{자두}, 차도,

석과^{가운데 딱딱한 씨가 있는 과일}, 삼천벽도^{선경(仙境)에 있다는 전설상의 복숭아}, 파래, 호모

반도^{3,000년에 한 번 열매를 맺는 복숭아나무} 등이다. 설화를 바탕으로 하고 있는 판

소리답게 가상의 과일인 삼천벽도나 호모반도 등이 등장해 흥미롭다.

식재료 구성비를 보면 동물성 식재료보다는 식물성 식재료 종류가 훨

씬 많고 다양하다. 《심청전》뿐만 아니라 다른 판소리에 등장하는 식재

료도 이와 비슷한데, 우리 민족의 채식 위주 식생활을 엿볼 수 있는 대

목이다.

음식을 분류해 보면 주식류는 힙밥^{흰쌀밥}, 콩밥, 팟밥^{팥밥}, 보리밥,

지장밥^{기장밥}, 슈슈밥^{수수밥}, 국밥, 암쥭^{암죽} 그리고 닝면^{냉면}이다. 부식류는

신셜노^{신설로}, 오색탕수^{황(黃), 청(靑), 백(白), 적(赤), 흑(黑) 5가지 오방색 재료를 사용하여 만든 제사}^{에 쓰는 국물 음식}, 나무시^{나물}, 짐치^{김치}, 젓갈^{젓갈} 등이다.

기호식 및 별식으로는 증편, 현쥬^{조선 시대 전통 증류주로 찹쌀과 멥쌀로 술을 빚}^{은 다음 땀을 내는 것처럼 증류시킨다는 뜻 '한주'에서 유래}, 자하주^{보랏빛의 신선주}, 천일주^{담근 지 천}^{일 만에 마시는 술}, 약쥬^{약주}, 옥액경장^{玉液瓊漿, 신선이 마시는 음료수 또는 빛깔과 맛이 좋은 술}, 약

과, 빅손과잘^{유밀과(油蜜果)의 하나로 찹쌀가루를 반죽해 납작하게 만들어 말린 뒤 잣이나 호두를 붙여 만}^{든 음식}, 다식, 정과^{꿀이나 설탕물에 졸여 만든 음식}, 호도, 성유^{석류}, 은행, 오미자, 대

초^{대추}, 생율^{생밤}, 능금^{사과}, 외앗^{자두}, 차도, 석과, 화칙^{화채}, 감노수^{甘露水, 맑고 깨}^{끗한 물} 등이 등장한다.

《심청전》 중 음식이 나오는 장면은 '곽 씨 부인의 품팔이 장면',

'심청이 밥을 빌어 아버지를 봉양하는 장면', '심청이 인당수 가기 전

어머니 산소에 작별 인사하는 장면', '인당수 가기 전 아버지께 아침상 드리는 장면', '심청이 인당수 빠지기 전 고사상 장면', '심청이 용궁에서 접대받는 장면' 등이다.

특히《심청전》곳곳에서 신에게 축복을 비는 행위가 묘사되는데 그곳에는 언제나 정성 들인 음식이 놓여 있다.《심청전》에서 심청어미가 해산할 때 심봉사가 정화수로 삼신상을 차려 지성으로 순산을 비는 장면이 나온다. 사람의 생명을 유지하는 데 물은 매우 중요한 구실을 하며, 농경 사회였던 전통 사회에서 물은 곡물이 익는 데 반드시 필요한 것이었다. 그래서 물은 특별히 귀하고 아껴야 하는 것으로 인식되었고, 그중에서도 이른 새벽에 우물에서 길어 온 물은 더욱 고귀한 것으로 여겨졌다. 이처럼 심봉사는 사랑과 정성을 깨끗한 정화수에 담아 천지신명께 간절히 기원한 것이다.

심청 어미 해산할 때 심봉사가 삼신상 차려 기원하는 장면

해복 긔미가 잇는대 아이고 배야 아이고 허리야 심봉사가 일변은 반갑고 일변 놀내야 집 한 줌을 정이 추려 새사발 저오하수 새 소반에 밧처노코 심봉사 의관을 증제하고 지성으로 비는 말이 고이 순산식켜주오 혼미중에 탄생하니 선인옥녀 쌀이로다.

— 이선유,《창본 심청가》

심청이 인당수 가기 전 어머니 산소에 작별 인사하는 장면

달밝쇼 깁푼 밤의 밥 혼 그릇 정이 지여 현쥬를 병의 너코 나무식 혼 접시로 모친 순쇼 추져가셔 계흐의 진셜흐고 익통흐며~우리 모

265

친 스명일은 고스호고 제스날리 도라온들 보리밥 흔 그릇슬 뉘가
츠려 노와 쥬며 -혼인들 맛나것쇼 닉 손의 츠린 제물 망죵 흠향호옵
쇼셔.

— 신재효,《심청가 읍내본》

《심청전》에서 심청이 인당수 가기 전 새벽에 어머니 산소를 찾
아가 밥 한 그릇, 술 한 병, 나물 한 접시 차려 놓고 하직 인사를 하는
장면이 나온다. 이 음식은 평소 백성들이 반주를 곁들인 일상식의 한
상임을 알 수 있다. 여기에서 신령이 싫어한다는 고춧가루가 들어간
붉은색 음식인 김치가 빠져 있긴 하지만 신령에게 올리는 음식이 때
론 평소에 인간들이 즐겨 먹었던 음식이다. 이렇듯 신령이란 실제로
인간과 비슷하다 생각하며, 제물 대부분은 그것을 준비하는 인간들이
먹기에도, 생각하기에도 합당하다고 생각되는 것으로 준비했다. 우리
민족에게 신령은 늘 가까이에서 살아 있는 사람들과 함께했던 것을
알 수 있다.

심청이 인당수 빠지기 전 고사 장면

의복 닉여 입고 고스를 츠릴 젹의 동의 술 섬밥 짓고 왼 쇼 머리 스
지가마 큰 칼 쏘즈 올여 노코 큰 돗 잡아 통차 살마 긔난 다시 밧쳐
노코 숨싴실과 오싴탕슈 어동육셔 좌포우혜 돠홍우빅 버러 노코 심
청을 목욕식켜 소복을 정이 입페.

— 신재효,《심청가 읍내본》

심청이 인당수에 빠지기 전 고사 장면이다. 이 장면에 등장하는 음식으로 그 고사 규모를 짐작할 수 있다. 술도 동의 째, 밥도 섬밥 짓고, 소와 돼지도 통째로 삶고, 삼색 과일과 오색 탕수 등 갖은 음식을 차렸다. 이렇게 규모가 큰 굿이나 고사에 빠지지 않고 등장하는 귀한 제물이 있으니 바로 돼지다. 돼지는 우리나라에서 약 2,000여 년 전에 사육되기 시작했다. 돼지는 굿에서 대감을 상징하는데, 이는 지상을 관장하는 신령들과 관련을 맺고 있다 믿기 때문이다. 돼지는 풍년과 평안을 구하는 데 영험을 지닌 제물이다.

심청이 밥을 빌어 아버지를 봉양하는 장면

밥 푸는 여인더러 뉘 안니 탄식하리 네가 발셔 져리 커셔 혼즈 밥을 비난고나 너의 모친 스라씨면 네 정경이 져리 되랴 슬슬 탄식 셔를 츠며 담어쓴 밥이라도 익기즌코 더러 쥬며 짐치 졋갈 건기 등물 고로고로 마니 쥬니 두셔너 집 어든 거시 쌀리 흔끼 싱이 넝넉케 되난고나 – 심청이 엿쓰오딕 빌어온 밥이나마 즈식의 정셩이니 셜워 말고 즙슈시오 죠흔 말노 위로 흐여 그여이 먹게 흐니 날마닥 어더온 밥 흔 죠막의 오식이라 흽밥 콩밥 팟밥이며 보리 지장 슈슈밥이 갓갓지로 다 잇씨니.

— 신재효, 《심청가 읍내본》

심청이 밥을 빌어 아버지를 봉양하는 장면이다. 여기에서 심청의 처지를 안타까워하여 "담어 뜬 밥이라도 아끼지 않고 덜어 주며 김치, 젓갈 등을 고루고루 많이 주니"라는 표현에서 음식을 통해 우리

젓갈

민족 고유의 '나눔의 정'을 느낄 수 있다.

《심청전》에는 다른 작품보다 주식 종류가 매우 다양하고 김치, 젓갈 등 많은 발효 음식이 등장한다. 특히 이러한 음식은 심청이 여러 집에서 밥을 동냥해 아버지를 봉양하는 장면에서 나오는데, 이는 당시 백성들의 일상식 풍경을 잘 보여 준다. 밥을 주식으로 하고 김치, 젓갈 등의 발효 식품을 부식으로 한 이러한 일상식은 대표적인 한국 음식 특징이다.

우리나라는 예부터 쌀을 중심으로 한 곡물 음식을 가장 보편적으로 먹어 왔으며 일상의 식생활에서 주식으로 자리를 굳혀 왔다. 지금까지 전해지는 밥 종류는 90여 종 이상이라 한다.▼ 백미로 짓는 흰밥이 있고 찹쌀, 잡곡, 콩, 견과류, 채소, 어패류, 수조 육류 및 서류 등의 부재료를 넣기도 한다. 이렇게 우리 민족은 잡곡 외에도 다른 부재료를 섞어 만든 밥으로 부족한 영양소를 보충했다. 또한 위 장면에서 볼 수 있듯이 "빌어온 밥"은 음식 전체를 지칭하며 "빌어온 밥이나마 주식의 정성이니"에서 밥은 아버지를 사랑하는 정성스러운 마음의 상징으로 표현된다. 이렇게 밥은 우리 음식 문화에서 가장 근본이 되며, 우리 민족의 정서를 함축하고 있다.

한편 우리 음식 문화를 이야기할 때 빠뜨릴 수 없는 것이 바로 발효 음식이다. 한국인의 발효 음식은 장류, 김치류, 젓갈류, 술 등이 대표적이다. 《심청전》에 나오는 발효 음식은 김치와 젓갈이다. 김치와 젓갈은 조선 후기 민중들에게 가장 보편적이고 필수적인 식품으로 부

▼   윤서석 지음, 《한국음식(역사와 조리법)》, 수학사, 1992.

식류의 대명사라고 할 수 있다. 예를 들어《규합총서》에 나온 김치 종류는 섞박지, 동과冬瓜 섞박지, 동치미, 어육魚肉 김치, 동과冬瓜 김치, 전복 김치, 오이지, 갓김치, 장짠지 등이 있다. 이를 바탕으로 당시 다양한 종류의 김치가 있었음은 물론 어육 김치, 전복 김치 등 수산물이 김치에 이용되었음을 알 수 있다.

《흥보전》
배불리 먹고 싶은 소망

　《흥보전》은 형제간의 우애를 다룬 작품이다. 윤리적으로 착하기는 하지만 현실적으로 가난하고 무능한 흥보와 돈에 눈이 멀어 형제간의 우애도 모르는 놀보를 대비시켜 보여 준다. 이러한 대비 효과는 흥미를 유발하고 작품 속 가난타령, 돈타령 등을 통해 가난한 서민들이 고생하며 살아가는 모습을 사실적으로 묘사하고 있다. 무엇보다 흥보의 박에서 밥과 옷이 나온다는 것도 조선 후기 민중들의 의식주에 대한 꿈을 환상적으로 드러낸 대목이다.

　《흥보전》은 놀부가, 놀부전, 놀부흥부가, 박타령, 박흥보가, 박흥보전, 연의각, 장흥보전, 흥보전, 흥부놀보전, 흥보만보록, 흥보가 등으로도 불린다.《흥보전》은 판소리로 불렸기 때문에 많은 창본도 다수 전해지는데, '박타령'이란 제목으로는 신재효^{申在孝}의 박타령, 이선유^{李善有}의 박타령을 비롯하여 4종이 있다. 그리고 '흥보가'란 제목으로는

19종의 창본이 있다.▼

《흥보전》은 가난하고 배고픈 흥보가 부자가 되어 배불리 먹는다는 이야기로, 특히 음식 종류가 다양하고 귀한 음식이 많이 등장한다. 《흥보전》 속 식재료와 음식을 정리하면 다음과 같다.

《흥보전》에 나오는 식재료와 음식 분류

식재료 (食材料)	동물성 (動物性)	닥, 녹용, 쇠용도리쌔, 빙아리, 황육, 니어
	식물성 (植物性)	찰베, 빅미, 용뇌, 셔숙, 참외, 파, 울콩, 물콩, 청되콩, 돔부, 녹두, 지장, 창셕, 들쎄, 피마즈, 쌀, 쓰릭기, 씨경이, 인슴, 들기름, 박
주식류 (主食類)	밥(飯)	힙밥, 팟쥭, 미음
	면(麵)	국슈, 닝면
	만두(饅頭)	육만두
부식류 (副食類)	탕(湯)	기정국, 즈리탕, 골탕, 비지쑥, 호박쑥, 외국
	찜(蒸)	니어집, 영게집, 갈비집
	적(炙)	설산적
	발효 식품 (醱酵食品)	흑틔메쥬, 토장
기호식 (嗜好食) 및 별식(別食)	떡(餠)	호박쩍, 정절편, 화젼, 모밀범벅, 찰쩍
	음청(飮淸)	황되차, 슈임, 꿀
	술(酒)	환혼쥬, 설화쥬, 감흥노쥬, 탁쥬

▼   이 글에서는 임형택 소장 《박흥보전》(1916년경으로 추정), 오영순 소장 《장흥보전》(1908년경으로 추정)을 참고했다.

먼저 동물성 재료는 닭^닭, 녹용, 쇠용도리^{쇠뼈}, 빙아리^{병아리}, 황육^{쇠고기}, 니어^{잉어} 등이다. 식물성 재료는 찰베^{찰벼}, 빅미^{백미}, 용뇌^{약재의 하나로 동인도에서 나는 용뇌수(龍腦樹) 줄기에서 덩어리로 되어 나오는 무색투명한 결정체}, 셔숙조, 참외, 파, 울콩^{강남콩}, 물콩, 청되콩^{청대두}, 돔부^{돈부}, 녹두, 지장^{기장}, 창씨^{참깨}, 들씨^{들깨}, 피마즈^{아주까리}, 쌀, 쓰릭기^{싸라기}, 씨경이^{지게미, 술을 거르고 남은 찌꺼기}, 인슴^{인삼}, 들기름, 박 등이다.

주식류는 힙밥^{흰밥}, 팟쥭^{팥죽}, 미음, 국슈^{국수}, 닝면^{냉면}, 육만도^{고기만두} 등이다. 부식류는 기정국^{개장국}, 즈리탕^{자라탕, 자라를 통째로 푹 고아 낸 다음 뜯어서 다시 끓인 국}, 골탕^{소의 등골이나 머릿골을 맑은 장국에 넣어 익힌 국}, 비지쇼^{두부 물을 짜낸 콩찌기로 끓인 국}, 호박쇼^{호박국}, 니어집^{잉어찜}, 영계집^{영계찜, 영계를 통째로 삶은 다음 뼈를 추려낸 것에다 밀가루와 녹말을 끓여서 붓고 양념을 치고 고명을 얹어 만든 음식}, 갈비집^{갈비찜}, 셜산젹^{사슬산적, 쇠고기 따위를 길쭉길쭉하게 썰어 갖은양념을 하여 대꼬챙이에 꿰어서 구운 적}, 흑틱메쥬^{흑태메주, 검은콩을 삶아 찧어서 덩이로 뭉쳐 띄워 말린 것으로 간장, 된장, 고추장을 담그는 원료로 씀}, 토장^{된장} 등이다.

기호식과 별식으로는 호박썩^{호박떡}, 정졀편^{정절편, 꽃무늬를 찍어 네모 반듯하게 썬 흰떡}, 화젼^{화전}과 황되차^{황대차}, 슝임^{숭늉}, 쌀꿀 등이 나온다. 그리고 다양한 술이 나오는데 환혼쥬^{환혼주, 죽은 사람의 입에 넣으면 되살아난다는 술}, 셜화쥬^{설화주}, 감흥노쥬^{감흥로주}, 탁쥬^{막걸리}가 나온다.

《흥보젼》 중 음식이 나오는 장면은 '놀보를 소개하는 장면', '흥보가 먹을 것이 없어 형님한테 밥 달라고 비는 장면', '흥보 자식들이 밥 달라고 조르는 장면', '박에서 청의동자가 약을 건네는 장면', '박 속에서 쌀과 금은보화가 쏟아지는 장면', '부자 흥보가 놀보를 접대하는 장면' 등이다. 이 장면 중 흥보 자식들이 배고프다면서 밥 달라는 장면을 보자.

흥보 자식들이 배고프다고 밥 달라는 장면

흔 놈이 쳑 나와 안더니 이고 어만이 날 밥 좀 쥬쇼 흔 놈은 날 쩍 좀 쥬오 쏘 흔 놈은 날 긔졍국의 흰 밥 좀 말아 쥬오 쏘 흔 놈은 날일낭은 호박 쩍 좀 ᄒ야 쥬오 더운 김의도 죠커니와 식으면 단마시 더 ᄒ지오 제 입맛슨 안다마은 쏘 흔 놈이 어만니 나는 주릿탕의 국슈 말고 니어집 좀 ᄒ여 쥬오 흔 놈이 쩍 나오며 네 요 여셕더라 어만임을 멋ᄒ엿싸고 죨르난야 흥보 아니 ᄒᄂ 말이 주식이 슈다ᄒ되 어미 안졍 싱각ᄒᄂ 놈은 너 ᄒᄂ박기 업구나 글여 긔특흔 늬 아들라 져 놈 되답ᄒᄂ 놈은 너 ᄒᄂ박기 업구나 글여 긔특흔 늬 아들라 져 놈 되답ᄒ되 어만임 늬 말 드러보오 나는 아모 쎳도 말고 졍졀편의 영게집 갈비집 육만도 설산젹 화젼 넝면 지지기 골탕을 만이 ᄒ야 노코 어만임은 믹을 들고 져 놈을 못먹게 휘두되리여 금지ᄒ고 나 혼즈 먹거더면 잘 먹난ᄀ 못 먹난ᄀ 굿 좀 보아 쥬옵쇼셔.

— 임형택 소장,《박흥보젼》

《흥보전》에는 귀한 고기 음식과 다양한 종류의 떡이 많이 등장한다.《흥보전》은 민중의 희망을 표현한 작품으로 평소 가장 좋아하고 먹고 싶어 한 음식이 주로 나타나기 때문이다. 백성들은 일상식으로 밥에 김치, 간단한 나물로 허기를 채우는 정도였다. 따라서 기름지고 맛있는 고기 요리는 늘 먹고 싶은 갈구의 대상이었다. 특히 "긔정국의 흰 밥 좀 말아 쥬오"라는 표현은 개장국이 그만큼 먹고 싶었지만 먹을 수 없었던 음식임을 알 수 있다.《흥보전》에 등장하는 개장은 개를 잡아 삶아서 파, 고춧가루, 생강 등을 넣고 푹 끓인 것으로 매운 개장을

설산적

잉어찜

땀을 내며 먹으면 더위를 물리치고 허한 것을 보한다고 전한다. 개장국은 삼계탕과 함께 삼복 절식의 대표 음식이었다.

　과거 민중들은 대규모 목축을 할 여건이 부족했고 주로 수렵, 소규모 목축 또는 가축에 의존하는 형편이었다. 따라서 기르기 쉽고 값싼 개고기는 우리 민족의 우수한 단백질 급원이었다. 여러 조리서에서 개 요리를 소개하고 있는데 대표적으로 조선 말기《규합총서》에는 개고기, 개 찌는 법, 개장, 동아개찜, 개고기독, 개 특산지 등이 기록되어 있다. 조선 시대에는 개고기를 즐겨 먹었고 푸줏간에서는 개고기를 팔았다.

　또 흥보 아들들이 먹고 싶어 한 음식으로 다양한 종류의 떡이 나온다. 떡은 오랜 역사 동안 우리 민족이 먹은 곡물로 만든 별미 전통 음식이다. 조선 후기 조리 가공법이 세분화되고 다양해지면서 전해지는 떡 종류가 200종이 넘고, 사용된 재료만 100여 가지 이상이다.《흥보전》에 나온 떡은 호박떡, 절편, 화전, 메밀범벅, 찰떡 등이다. 그중 화전은 꽃지짐으로 계절감을 가장 잘 나타내는 독특한 떡이다. 봄에는 진달래꽃, 여름에는 황장미꽃과 맨드라미꽃, 가을에는 황국꽃과 감국 잎을 사용하여 예쁘게 만든다. 우리 조상들은 음식 맛뿐만 아니라 자연의 아름다움을 더하여 멋으로 받아들인 것이다. 그리고 우리 민족은 예부터 자기 식구만을 위하여 떡을 만들지 않았다. 천지신명과 조상께 올리고 또 이웃, 친척 간에 서로 나누어 먹기 위해서 많은 양의 떡을 만들어 주위에 베푸는 여유를 보였다.

　《흥보전》에는 떡, 고기 이외에도 막걸리와 숭늉이 등장한다. 조선 후기 음차(飮茶) 풍속이 미미하게나마 이어지기는 했으나 이는 서민

생활과는 관련이 없다. 서민들의 토속 음료는 역시 구수한 숭늉과 노동의 수고 후에 요기 삼아 상식했던 막걸리였다. 과거 부뚜막 아궁이와 온돌은 일체 _體_ 였고, 고정식인 솥은 아주 크고 무거워서 씻기에 힘이 들었다. 따라서 밥을 짓고 난 후 누룽지에 물을 붓고 끓이면 숭늉으로 마실 수 있고, 동시에 솥을 씻는 방법도 되었다. 또한 주로 짠 발효 음식을 반찬으로 먹는 식사 습관에서 숭늉은 염분으로 가득한 입 속을 깔끔하게 씻어 주어 식사 후 개운한 느낌을 들게 했다.

다음으로는 다양한 술도 등장한다. 농사를 주로 짓는 우리 민족은 곡물을 이용하여 곡주를 빚었다. 조선 명주로 알려진 감홍로주도 등장하고 전설적인 환혼주나 설화주도 등장해 흥미롭다. 막걸리도 당연히 빠지지 않고 등장한다. 막걸리는 농민들이 밭에서 들에서 일하는 동안 끼니 대신 먹은 간식이자 음료였다.

부모의 재산을 독차지해 부자로 살아가는 놀보를 그린 장면

그 놈이 심스ㄱ 일려흔딕 형제 윤기 잇슬손야 부모의 분지전답 저혼주 차지흐고 농스짓키 일삼난대 웃물 죠흔 놈의 모을 붓고 노푼 논의 물을 갈나 집푼 논의 물갈이와 구렁논의 찰베흐고 살픈 밧틔 면화흐기 자갈밧틔 셔슉 갈고 황토밧틔 참외노며 빈탈밧틔 담비흐기 토옥한 밧틔 파슬을 갈아 울콩 물콩 쳥딕콩이며 돔부 녹두 지장이며 창씨 들씨 피마주를 식이 식이 심어두고 썩을 츠져 지슴미여 츄슈동장 노적흐야 친고빈기 몰ㄴ보고 형제윤기 져발인이 엇지안이 무도 홀야.

— 임형택 소장, 《박흥보전》

279

조선 후기는 사회적인 가치 척도가 종래의 문벌이나 정치권력으로부터 재부중심적財富中心的인 것으로 변모하여, 신분 계층에 따라 구분되던 식생활 양상이 부富의 수준에 의해 결정되었다. 대도시에서는 장시가 활발해져 화폐 유통 경제가 더욱 활성화되었지만, 지방이나 농촌에서는 기근이 심해지고 보릿고개를 견디기가 더욱 어려워지는 빈익빈 부익부貧益貧 富益富 현상이 가속화되었다.

놀보는 부모의 분재와 전답을 혼자 차지하여 부자로 살아간다. 조선 후기는 이앙법 보급으로 모, 맥 이모작이 일반화되어 쌀, 보리, 조 같은 주곡의 생산량이 눈에 띄게 증가했고, 이로 인해 부의 축적과 잉여 농작물의 상품화를 촉진하는 결과를 가져온다. 조선 시대에 토지 소유는 부富를 축적하는 좋은 수단이 되었으므로 왕실이나 양반, 관리 등은 토지 배분에 열을 올렸다. 그 결과 토지는 소수의 거대 토지 소유자들에게 편재되면서 토지 소유에서 배제된 대부분 농민들은 소작농으로 전락할 수밖에 없었다.

앞서 놀보를 그린 대목에서 보듯이 놀보는 주곡뿐만 아니라 참외, 담배, 울콩, 물콩, 청태콩푸르대콩, 돔부동부, 녹두, 참깨, 들깨, 피마자 등과 같은 상업적인 작물을 심어 토지를 효과적으로 관리하고 있음을 알 수 있다. 이렇게 하여 놀보는 엄청난 재산을 축적할 수 있게 되었으며, 그의 집에는 노적가리가 태산같이 쌓여 있고, 대청 뒤주에는 쌀이 가득가득했다.

흥보가 놀보의 집에 찾아가 구걸하는 장면

쇼리을 병역갓치 질너노니 흥보 짱의 업써지며 두 손 합장 무릅쑬

코 지성으로 비는 말이 비는이다 비는이다 형임젼의 비는이다 사
러지다 사러지다 형임 덕틱 살려지다 베ㄱ되면 흔 말이요 쌀이 되
면 스 되만 쥬옵시고 되ㄱ 되면 닷 되 돈이 되면 두 돈만 쥬옵시면
품을 판을 못갑푸며 일을 한들 공이 할ㄱ 형임 동싱 이너 몸도 어제
젼역 그제 ㅈ고 오늘 앗침 식젼이요 차마 곱파 못살것쇼 쌀도 베도
못쥴 테면 찬 밥이느 한 술 쥬옵쇼셔 시근 밥도 업거덜낭 쓰려기느
씨경이 느 쳐분딕로 쥬옵시면 세 싄이느 굴문 즈식 구완ㅎ야 술이
것쇼.

　　　　　　　　　　　　　　　　— 임형태 소장,《박흥보젼》

　　흥보가 굶주림을 참지 못해 놀보의 집을 찾아가 구걸하는 장면
이다. 빈 몸으로 쫓겨난 흥보와 흥보 아내는 온갖 품을 다 팔고 있다.
오뉴월 보리치기, 대동방아 찧기, 김장하기, 음식하기, 용정방아 찧기,
물 긷기 등을 하는데, 모두 아주 낮은 보수의 일거리들이기 때문에 흥
보네집 식구들은 '제삿날에나 밥맛'을 볼 정도다. 흥보는 매품이라도
팔지 않을 수 없는 지경에 이르게 된다.
　　조선 후기 농촌 사회에서 생산 수단을 상실한 빈민층은 최저의
생활도 보장되지 않았다. 흥보는 품을 팔기도 하고, 구걸도 하며 겨우
연명하다 하루는 형을 찾아 양식을 꾸려다가 매만 맞고 쫓겨나게 된
다. 소리를 벽력같이 지르는 놀보 밑에 엎드려 자식들을 생각하며 자
존심도 모두 버린 흥보의 모습을 보면서 먹고사는 것이 얼마나 힘겨
웠는지를 알 수 있다. "쌀도 베도 못쥴 테면 찬 밥이느 한 술 쥬옵쇼셔
시근 밥도 업거덜낭 쓰려기느 씨경이 느 쳐분딕로"라는 구절에서 볼

281

수 있듯 쌀 서되, 찬밥 한술, 싸라기, 술지게미라도 달라는 생존을 위한 홍보의 간절한 바람을 읽을 수 있다. 이렇게 《홍보전》에서는 당시의 경제적 양극화 현상을 음식이라는 기호를 통하여 효과적으로 표현하고 있다.

홍보가 첫 번째 박을 타는 장면

여보쇼 이기 엄멈 어셔 밥좀 ㅎ쇼 빅미 닷 섬으로 ㅎ야 비곱푼듸 먹어보시 홍보 안 이 얼는 나셔 일번 밥을 급피 지여 집치갓치 멍셕으다 수복 담숙 쓰어녹코 가장 즈식 불너들어 어셔 오쇼 먹어보시 스방의셔 와 ㅎ더니 만슈산의 구름뫼듯 걸빅쳥의 낭치뫼듯 밥싼 멍셕 가숭으로 휘휘 둘너쌋고 안져 후닥닥 후닥닥 양팔 손질 쥬먹밥을 셋쥭방울 던진 다시 엇지 먹어노왓썬지 손이 츠츠 늘어지고 빅쏙지가 발짝 되지바지게 산목이 단복차게 먹어노은 거시 셰상도 귀챵ㅎ게 되얏구ㄴ 비에 못이기여 이만ㅎ고 안져씰 졔 고기로 오ㄴ 팔이 휘휘 날여 이고 ㄴ 쥭것다 나 쥭거던 팔 이 놈으로 원고즈을 숨으리라 이러할 졔음의 홍보 안이도 밧턴쏙의 밥을 엇지 먹어던지 밥셜스가 나것구ㄴ 쑬여 업데여 이고 쫑이야.

— 임형택 소장, 《박흥보전》

위 장면은 홍보가 첫 번째 박을 타고 나온 쌀로 밥을 해 먹는 장면이다. 홍보에게 주어진 박은 그의 선행에 대한 보은품이다. 그의 박에서 나온 것은 주로 당시 백성들의 '식의주'를 해결할 수 있는 쌀 궤, 각종 비단, 집 짓는 목수 등이다. 물론 오늘날에는 먹는 일이 어느 정도 해결되었으므로 '의식주'라 하지만 조선 시대 백성들에게는 입는 일보다는 먹는 일이 더욱 시급했을 것이다. 따라서 박에서 먹는 것이 제일 먼저 나온 이유를 충분히 짐작할 수 있다. 흥보 박에서 펼쳐진 세계는 권력이나 명예를 추구하던 양반들과는 무관한, 어디까지나 식의주가 여의치 않았던 당시 백성들의 소박한 꿈이었다. 오죽하면 첫 번째 박 속에서 나온 백미 닷섬으로 모두 다 밥을 지어 멍석에다 수북 담아 밥 설사가 나오도록 먹었겠는가. 이 장면에서 이들이 그동안 배곯아 온 정도를 짐작할 수 있다. 이는 당시 가난한 평민들에 대한 사실적인 표현이기도 하다.

당시 백성들의 단 한 가지 소망이 있다면 다음 생에는 좋은 세상에 태어나 의식주 걱정 없이 한번 잘 살아보자는 것이었다. 백성들은 현실의 곤고를 일시라도 잊기 위해서 현실과는 다른 세계, 즉 박의 세계를 작품 속에서 꿈꾸어 본 것이다. 이렇듯 《흥보전》 속 음식은 부_富를 가진 자와 갖지 못한 자의 서열화를 분할하는 기호로 작용한다. 또한 박이라는 비현실적인 세계를 통해 가장 먼저 도달하고 싶은 이상적 세계의 표상이기도 하다.

다양한 조리 기구가 등장하는 장면

통영칠반 제변모의 안성유긔 딕졉문 - 녹용 인슴 용뇌 쥬스 당스향 유향 몰약이며 홍담 빅담 쳥담이며 ᄀ진 쥭졀 금봉츠며 안성유긔 반상이며 유리준 호박딕며 쳥황유리 빅속병과 면경 연경 쳬경이며- 쳔은 요강 슌금 딕ㅇ 쥬셕 초딕 놋 광명두리 쳥동 화로 쥬젼ᄌ며 치갈모판 벙거질골 무쇠두멍 큰 솟 응쇼 ᄀ마솟 쇠 부지쎵니 왜화긔

당화긔 스긔 딍양판 쇼양판 쳔은 슈져 쑤역 쑤역 다 ᄂᆞ온니 흥보 넘
어 멋져라고.

— 오영순 소장, 《장흥보전》

《흥보전》에는 다양한 조리 도구가 등장한다. 인용문에서 보듯이 조리 도구들의 특징 중 하나는 바로 다양한 솥이다. 우리 민족은 무쇠 솥을 부엌세간의 가장 주요 품목으로 여겨 새로 살림을 시작할 때는 먼저 솥을 준비하고, 그 솥을 거의 평생토록 사용했으며, 새로 이사를 하면 부뚜막에 솥을 제일 먼저 걸었다. 즉, 솥을 거는 것은 살림을 차리는 상징적 행위라고 생각했고, 심지어 길일을 택하여 솥을 걸었다고 한다. 솥은 밥을 짓는 도구로써 밥이 우리 음식의 대명사인 것처럼 솥 또한 부엌살림의 가장 중요한 도구인 것은 당연한 일일 것이다.

조선 후기 사용되던 가마솥 모양은 크게 두 가지로 구분된다. 첫째, 옆 둘레가 안으로 둥글게 오므라든 곡선으로 뚜껑도 여기에 맞추어 곡선 모양으로 만든 솥이다. 이 모양의 솥은 중부 지방에서 많이 사용되었다. 둘째, 옆 둘레가 직선이며 주둥이가 약간 퍼지고 솥뚜껑도 여기에 맞도록 비교적 크고 편편한 모양의 솥이다. 주로 남부지방에서 많이 사용되었다.

이처럼《흥보전》을 통하여 조선 후기, 특히 서민층의 다양한 음식 문화를 읽어낼 수 있으니 다른 음식 고문헌보다 전통 음식을 이해하는 데에 더 유용한 텍스트인 셈이다.

《토끼전》
바다 음식의 향연

　　《토끼전》은 조선 후기 정치 현실을 우화적으로 풍자한 작품으로 별주부전, 수궁가, 토의간, 토생원전, 토별가, 토끼타령 등으로 불린다. 《토끼전》은 용왕이 병이 나자 신선계의 선관이 나타나 육지에 있는 토끼 간을 먹으면 낫는다고 귀띔해 주면서 이야기가 시작된다. 그리고 용왕의 명으로 육지에 간 별주부 자라는 벼슬로 유혹하여 토끼를 용궁으로 데려오지만, 토끼는 꾀를 내어 다시 육지로 돌아가 버리면서 이야기는 끝이 난다. 이 작품은 당대의 왕과 신하, 백성 모두를 비판하고 동시에 허황된 벼슬 생각을 버리고 분수에 맞게 살라는 의미를 던져 주고 있다.

　　《토끼전》은 용왕과 별주부, 토끼가 서로 속고 속이는 이야기 그 자체로도 흥미롭다. 그 속에 조선 후기의 모순된 현실과 이를 바라보는 다양한 시각이 우화적으로 그려지고 있다는 점에서 더욱 흥미롭다. 무엇보다《토끼전》에는 다양한 바다 음식이 등장하여 이를 읽는

재미가 쏠쏠하다.▼

《토끼전》은 특히 용왕이 등장하는 바다를 배경으로 하기 때문에
다양한 해산물이 나온다. 다른 판소리 작품에서는 잘 등장하지 않는
다양한 해산물이 등장해서 조선 후기의 바다 음식을 연구하는 중요한
자료이기도 하다. 먼저 《토끼전》에 나오는 식재료와 음식을 다음 표로
살펴보자.

《토끼전》에 나오는 식재료와 음식 분류

식재료 (食材料)	동물성 (動物性)	금고리, 금거복, 샹어, 졈복, 광어, 슝어, 민어, 농어, 쟝어, 병어, 쥰치, 방어, 문어, 자가살이, 도미, 모릭못치, 망동이, 자라, 강다리, 고지, 모장어, 볼거지, 빈딩이, 송살이, 밋구리, 희샴, 홍합, 대합, 소라, 고동, 우렁이, 싱오, 꼴둑이, 죠긔, 방게, 긔, 소(션지, 늬쟝, 두죡, 안심, 밧심 두 볼기), 사슴(록룡), 도야지(육, 제혈), 홍어신, 리어, 감을치, 법게, 대구, 붕어, 위어
	식물성 (植物性)	메역, 신광초, 지연초, 련실, ᄌ지초
주식류 (主食類)	면(麵)	국슈부빔
부식류 (副食類)	탕(湯)	기쟝국, 설넝탕, 찰긔탕
	찜(蒸)	가리찜, 제육
	적(炙)	쇠고기적
	나물(菜)	탄평치
	발효 식품 (醱酵食品)	죠즁

▼ 　이 글에서는 신재효 《퇴별가 읍내본》, 심정순, 곽창기 《창본 수궁가》(1912년 매일신보 연재)를 참고했다.

기호식 (嗜好食) 및 별식 (別食)	떡(餠)	죽절병
	술(酒)	션쥬, 빅쇼쥬, 쟝싱쥬
	과실(果實)	홍도, 벽도, 텬도
	음청(飮淸)	가마윤긔탕, 가미디황탕, 오약슌긔탕, 시호방풍탕, 자음 강화탕, 십젼대보탕

《토끼전》에 나오는 식재료 중 동물성 재료는 금고릭금고래, 금거복
금거북, 샹어상어, 졉복전복, 광어, 슝어숭어, 민어, 농어, 쟝어장어, 병어, 쥰치준
치, 방어, 문어, 자가살이감어, 잉어과의 담수어, 도미, 모릭못치모래무지, 망둥이망둥
이, 자라, 강다리싱어. 청어목 멸칫과 바닷물고기, 고지곤이. 명태 이리, 모쟝어숭어 새끼, 볼
거지퍼래미, 빈딩이밴댕이, 송살이송사리, 밋구리미꾸라지, 희샴해삼, 홍합, 대합,
소라, 고동, 우렁이, 시오새우, 쇨둑이꼴뚜기, 죠기조개, 방게, 긔게, 소션지, 내장,
두족, 안심, 밧심 두 볼기, 사슴녹용, 도야지돼지고기, 홍어신홍어, 리어잉어, 감을치가물치,
법게게, 대구, 봉어붕어, 위어웅어 등이다. 다음으로 식물성 재료는 메역미
역, 신광초신감초, 지연초자연초, 련실川練子. 멀구슬나무과 멀구슬나무의 열매 천련자, 즈지초
紫芝草, 뿌리가 자줏빛을 띄는 여러해살이 식물 등이다.

주식류로는 국슈부빔비빔국수이 나온다. 부식류는 기쟝국개장국, 설
녕탕설렁탕, 챨기탕찰게탕, 가리찜갈비찜, 제육, 쇠고기젹쇠고기적, 탄평치탕평채,
쵸즁초장 등이다. 기호식 및 별식류에는 죽절병죽절편, 션쥬신선이 마신다는 전설
상의 술로 귀하고 맛이 좋은 술, 빅쇼쥬빛깔이 없는 보통 소주, 쟝싱쥬장생주, 홍도황도, 벽도백
도, 텬도천도, 가마윤긔탕가마윤기탕, 가미디황탕가미지황탕, 오약슌긔탕오약순기탕
(烏藥順氣湯), 시호방풍탕柴胡防風湯, 자음강화탕滋陰降火湯, 십젼대보탕십전대보탕(十
全大補湯) 등이 등장한다.

《토끼전》에는 특히 음식이 많이 등장하는 장면들이 있다. '신하

들이 병난 용왕의 약을 구하려는 장면', '토끼가 용궁에서 위기를 모면하는 장면', '토끼가 수궁으로 들어가 대연회를 벌이는 장면', '토끼가 뭍으로 도망치는 장면' 등이다. 다음은 토끼가 용궁으로 갔을 때 열린 어전회의 한 장면을 그린 것이다.

용궁의 어전회의 장면

령이정 금고리 좌의정 금거복 우의정 샹어 봉죠화 점복 관무스 광어 리죠판셔 숭어 병죠판셔 민어 호죠판셔 농어 형죠판셔 쟝어 공죠판셔 병어 판의금 쥰치 지의금 방어 대뎨학 문어 션젼관 썩젹이 대간 자가살이 스복 닉승 도미 어스 모릿못치 션젼관 망동이 쥬부 자라 슈문쟝 강다리 별낙쥼 고지 금군별쟝 모장어 대젼별감 볼거지 문군사 빈딩이 강영군졸 송살이 도감포슈 밋구리 희샴 홍합 대합 소라 고동 우렁이 등물이 꾸역 꾸역 드러와셔 -셔리의 식오가 출반쥬왈- 포쟝에 메억이 복쥬ㅎ되-쏠둑이 그 겻혜 있다가 궁녀 죠기 거동보소-히운군 방게가 살살 긔여.

　　　　　　　　　　　　　　— 심정순 · 곽창기, 《창본 수궁가》

이 어전회의 장면에는 무엇보다 많은 신하가 등장한다. 이는 《토끼전》이 당시 정치 현실을 우화적으로 풍자한 작품이기 때문이다. 용왕이 토끼 간을 구해 올 자를 찾기 위해 어전 회의를 열었을 때 신하들은 아무도 나서지 않았다. 이때 등장하는 동물들이 모두 바다나 물에 사는 동물로 그려지는데, 여러 신하들 이름에서 당시 다양한 수산물 종류가 있었으며 또 널리 유통되었음을 짐작할 수 있다. 우리나라는 삼면이 바다로 둘러싸여 있어 계절에 따라 어물 종류가 풍부했다. 또한 해안선이 남북으로 길고 굴곡이 있으며, 연해안은 한류와 난류가 교차하여 좋은 어장을 형성했다. 이러한 자연적 혜택으로 농경 산업이 발달하기 전부터 이미 여러 가지 어패류가 중요한 식량이었다. 또 건어물, 젓갈과 같은 가공법이 발달해 동물성 식품의 급원으로 널리 보급되었다.▼

조선 후기에 들어와서는 어업 기술도 발전한다. 어종과 어획량이 전기에 비해 크게 늘어나고, 이는 곡류와 채식 위주의 식사에 동물성 단백질 급원이 보강되는 계기가 된다. 특히 망어업이 발달하여 명태, 멸치, 청어, 조기, 새우, 대구 등의 어종이 대량으로 어획됨으로써 식생활 전반에 수산 식품 이용도가 크게 증가했다.▼▼ 한 예로 18세기 후반 《규합총서》에는 비로소 김치에 젓갈과 젓국을 섞어 담았다고 하는데, 어종과 어획량이 증가했기 때문에 일상식 김치에도 젓갈이 첨가된 것이다. 이로써 동식물성 식단이 조화를 이루게 되었고 다양한 식품으로 변형되고 발전할 수 있었다. 수산물은 대체로 가격이 비싸 일반 평민들은 흔히 맛볼 수 없었지만, 몇몇 어종은 어획량이 많고 유통 경제가 발달하여 평민들도 어느 정도 수산 식품을 즐길 수 있었다.

우리 민족은 옛날부터 약식동원藥食同原이라는 표현으로 식생활의 중요성을 말하였는데, 이는 우리가 섭취하는 음식이 건강을 지키

▼   윤서석(1995). 한국의 자연과 식생활. 한국식생활문화학회지, 10(3), 208.

▼▼   김희선(1987). 조선후기 사회경제적 변동이 식생활에 미친 영향. 석사학위논문. 이화여자대학교. 54–56.

조개탕

고 질병을 치료한다는 것을 뜻한다.《토끼전》에는 이런 내용이 잘 담겨 있는데, 그중 약이성 음료들이 다수 등장한다. 가마윤기탕, 가미지황탕여자들의 월경불순에 좋은 탕, 오약순기탕고혈압, 중풍을 치료하는 처방, 시호방풍탕소아의 경병(痙病)을 치료하는 처방, 자음강화탕열이 나면서 식욕이 없고 기침과 각혈을 할 때 사용하는 처방, 십전대보탕소음인 체질을 가진 기가 허약한 사람에게 사용하는 처방 등이다. 이처럼 기호와 건강을 동시에 충족할 수 있는 약이성 음료를 즐겼으며 다양한 음료 문화가 발달했음을 알 수 있다.《토끼전》에 등장하는 음료인 십전대보탕은 오늘날까지도 널리 상음常飲 하는 음료다.

백약으로 구원하여도 병이 낫지 않자 토끼 간을 처방받는 장면

부후허실ㅎ기는 칠포믹이 두렷ㅎ고 미침완삭ㅎ기는 팔리믹이 두렷ㅎ고 상단하촉ㅎ기는 구도믹이 두렷ㅎ고 심소쟝은 화오 간담은 목이오 폐대장은 금이오 신방광은 슈오 비위는 토라 간목이 틱과ㅎ미 목극토에 비위믹이 샹ㅎ고 담셥 싱셩ㅎ니 화극금에 폐대쟝이 샹홈이라 심뎡즉 만병이 식ㅎ고 간샹즉 만병이 싱ㅎ니 다른 믹은 다 관계치 안이ㅎ되 뎨일 간믹이 슈샹ㅎ니 비위믹이 샹ㅎ야 병이 복장에 드니 스지가 무거웁고 눈이 어둡기는 풍의작란이며 구미가 졋치기는 비위 샹흔 연고이라 속으로 드러 복장이 져리기는 음양으로 난병이니 음양풍도 두셰 가지 괴운이라 — 인묘는 목이오 신술츅미는 토이로다 목극토ㅎ니 오힝에 일넛스되 갑인진슐은 대강슈오 진간손스는 원숑목이라 슈싱목을 식이자면 인간 중산 쳔년토간이 약이로소이다.

— 심정순 · 곽창기,《창본 수궁가》

다음은《토끼전》의 한 장면으로 용왕이 큰 잔치를 치른 후 백약으로 구원하여도 무효하여 토끼 간을 처방받는 대목이다. "복장이 절이기는 음양으로 난 병이니"에서 용왕의 병이 음양陰陽의 부조화로 난 병임을 알 수 있다. 술은 음양의 원리상 화火에 해당하는 양陽이므로, 즉 용왕은 주색에 빠져 병을 얻었기에 양기가 넘치는 상태다. 동양 의학적 관점에서 보면 모든 병은 음양의 부조화에서 온다. 따라서 왕은 넘치는 양이 아니라 모자라는 음陰을 보완해야 했다. 산중의 토끼는 여성적인 동물이므로 음에 속한다. 용왕은 음양의 조화를 이루어야 건강을 회복할 수 있었기에 이때부터 토끼를 데려오기 위해 모든 방법을 동원한다.

약선藥膳에서도 이류보류異類補類, 무리로서 무리를 보한다라는 말이 있다. 체내에 부족한 것을 다른 동물의 같은 것으로 보충한다는 뜻이다. 예컨대 무릎을 튼튼히 하려면 소의 도가니를 음식 재료로 조리해 먹으면 된다는 논리다. 마찬가지로 용왕이 술을 많이 먹어 간이 나빠지게 되었으니 신선한 간을 먹어야 한다는 단순한 논리가 이 이야기에서도 적용된다. 하나 다른 점은 한방에서 간은 바로 인간의 정신을 상징한다. 결국 간은 정신적으로는 마음을, 육체적으로는 눈을 상징하고 있으며, 용왕이 눈이 흐려졌다는 것은 당시 지배층 실정에 대한 풍자를 나타낸 것이다.

《토끼전》에서 토끼는 새벽닭이 울 때 가장 먼저 태양의 양기를 받아먹고, 달나라에 들어가서 계수나무 그늘 속에 장약 찧을 적에 음약을 받아먹은 동물이라 한다. 이렇듯 토끼는 태양과 달의 음양 기운 정기를 받아먹어 간경이 좋으니 눈이 밝아 별호를 명시明視라 한다. 그러니 술로 정신도 흐려지고 눈도 나빠진 용왕이 간경이 좋은 토끼 간을 먹으면 병환이 즉차하고 장생불로 한다는 것이다. 왕이 토끼의 간을 먹어야 한다는 것은 왕의 눈과 정신이 어둡다는 반증이기도 하다.

수궁에 잡혀간 토끼가 위기를 모면하는 장면

강아지로다-기라니 반갑다 월명송하방롱정이오 일출운붕계견헌이라 선경에도 기는 잇고 인간 기로 의론컨딕 오륙월 복기장 어혈든 딕 니죵든 딕 속병든 딕 줌병 싯혜 보신 츠로 잡아 먹고 가쥭 벗겨 글퍼당혀도 흐고 세시복납에 힝양포고홀 제 파나 만히 넛코 푹 고으면 기장국도 됴커니와 안성청롱 스당픽가 소고 메여 - 송아지로다 송아지라니 더욱 됴타- 너를 잡어 두쪽 압뒤ㅅ다리 션지 니장은 설넝탕 집으로 보닉고 안심 밧심 두 볼기는 정조 한식 단오 츄석 스명일긔졔스에 젹감으로 실컨 쓰고 벙거지ㅅ골 넙이할미 가리찜 양복기가 십샹이오 가쥭은 벗겨닉여 북도 메고 신도 짓고 털은 골나 벙거지 요속흐고 쓸은 켜셔 활각지 빗치기 살젹미리가 십샹일다 - 사슴이오 얼시고 더욱 됴타 우리 롱왕 병환 줌에 록롱은 신경 부족흔 딕 잡스시고 록혈은 눈 침침흐고 각긔나는 딕 십샹이니 사심이거던 잡어라 -그러면 도야지오- 제혈이 록혈보다 효험이 치낫고 제육 쳣졈이라니 술안쥬에 뎨일이오 국슈부빔 탄평칙에 져육 업스면 맛 잇다더냐 잡말 말고 잡아라.

— 심정순 · 곽창기, 《창본 수궁가》

위 장면은 수궁에 잡혀간 토끼가 위기를 모면하는 대목이다. 여기서 음식을 통하여 병을 치유하려는 약선 음식 문화를 읽을 수 있다. 예로부터 우리 민족은 만물이 기氣라는 아주 작은 존재에 의해 성립된다고 믿었다. 사람이 생명을 유지하는 것은 기와 혈이 체내를 구석구석까지 순환하기 때문이라고 생각했다. 질병이란 인체의 기가 불균형에 빠진 상태로 기의 불균형은 스트레스와 같은 내인적 요소에 덧붙여 추위 및 더위 같은 외인적 요소가 결합함으로써 발생한다고 믿었다.

약선이란 아직 병이 생기지는 않았지만 신체의 기 균형에 발작이 생긴 상태로 보고, 이때 평소에 먹는 음식을 조절하는 것만으로도 기를 고르게 다스릴 수 있다고 여겼다. 음식을 약으로 먹는다는 이야기다. 우리가 섭취하는 모든 식품에는 한, 양, 평, 온, 열 등과 같은 고유의 성질이 있으며, 이 고유의 성질을 올바르게 파악함으로써 건강 유지의 지침으로 삼았다. 위 본문에서 알 수 있듯이 "오육월 복개장은 어혈 든 데, 속병 든 데, 중병 끝에 보신의 목적으로 먹고, 복날에는 파 많이 넣고 푹 고아 개장국을 끓여 먹으면 좋다"라고 한다. 또 "녹용은 신경 부족한 데 좋고, 사슴 혈은 눈 침침하고 한 데 좋고, 돼지 혈은 그 효험이 사슴 혈보다 낫다"라고 했다.

다음은 토끼가 다시 뭍으로 도망치며 자라에게 용왕의 약에 대해 한 수 가르쳐 주고 가는 장면이다. 이때 토끼가 알려 준 약은 팔개탕이다. 재료로는 고래 8마리의 등마루뼈 8개, 거북 창자 8뼘, 상어 가죽 8장, 홍어신 80개, 잉어 왼쪽 눈동자 8되, 가물치 쓸개 8종지, 병어 등심 8근, 자라 목 8움큼, 방어 기름 8동의, 자가사리 8바지게, 미역 8바지게다. 용기로는 법게 딱지이며, 조리법은 한 동이 될 때까지 푹 고아 세 사발씩 먹는다. 또한 팔개탕과 더불어 대구찜과 붕어, 웅어를 고아 함께 먹으면 병이 낫는다고 했다.

토끼가 다시 뭍으로 도망가는 장면

그리면 그져 가기 섭섭ᄒ니 약이나 일너다고 그ᄂ 그리ᄒ여라 팔기탕이나 써 보아라 지료가 무엇이냐 고리 여덟 잡아 등마루 쎄 각각 여덟 마리식 ᄒ고 거복의 챵ᄌ 여덟 쎕식 ᄒ고 샹어 가쥭 여덟 쟝 ᄒ고 홍어신 팔십 기하고 리어 왼눈동ᄌ 여덟 되 ᄒ고 감을치 쓸기 여덟 죵ᄌ ᄒ고 병어 등심 여덟 근 ᄒ고 ᄌ라 목아지 딕밋 잡고 드ᄂ 칼로 드립더 메여 여덟 움 쏨 ᄒ고 방어 기름 여덟 동의 합ᄒ야 노코 ᄌ가사리 메역이 여덟 바지게 베여 법게 싹지에 폭 고아 한 동의 되거던 미일 세 스발식만 먹게 되면 병은 ᄎᄎ나을 것이니 음식은 대구 쩌셔 죠석으로 먹고 입만 날만ᄒ거던 굴근 봉어 미일 여든 마리ᄉ식 비 짜고 닉쟝 닉어 버리고 위어를 잡어 짓쑤들겨 그 속에 가득 넛코 록으라지게 고아 먹으면 그 병이 운권청뎐ᄒ리라.

— 심정순 · 곽창기, 《창본 수궁가》

이렇게 《토끼전》 곳곳에서 음식을 이용하여 병을 치료하려는 당시 민중들의 의식을 엿볼 수 있다. 조선 시대 인본주의와 민생복지 정신을 바탕으로 음식도 하나의 약으로 보고 음식 섭취를 통해 의학적인 치료를 하는 약식동원藥食同原 관습이 생활화되었음을 알 수 있다.

《적벽가》
음식은 힘과 권력의 상징

　《적벽가》는 원래 중국 소설《삼국지연의三國志演義》적벽대전 대목
을 한국적 소재로 차용하여 우리 정서에 맞게 개작한 정치 풍자 작품
이다.《삼국지》는 총 125회로 된 방대한 작품인데,《적벽가》에 포함된
부분은 제1회 도원결의를 포함하여 제39회 유비가 제갈량을 찾는 삼
고초려에서부터 적벽대전을 고비로 패주하는 조조를 관운장이 화용
도에서 살려 보내는 제50회까지의 대목이다.《적벽가》는《삼국지》소
설 일부를 떼어 온 것이지만, 일부가 아닌 완전한 독립 작품으로 구성
되어 있다.《적벽가》판소리는 원작에서 바라는 것을 중심으로 조선
후기 시대상에 맞춰 재편집한《삼국지》를 번안한 작품이다.▼

　《적벽가》는 판소리 다섯 마당 중에서 음식이 가장 적게 나온다.

▼　　이 글에서는 신재효《적벽가 성두본》(1873년경으로 추정)과 이선유《창본 화용도》를 참고했다.

《적벽가》에서 음식이 나오는 장면은 '조조가 출병 전 군졸들에게 잔치를 베푸는 장면'뿐인데, 원작이 중국 소설이고 배경이 일상생활이 아닌 전쟁을 배경으로 한 소설이기 때문이다. 다음《적벽가》에서 유일하게 음식이 등장하는 구절을 함께 보자.

조조진영 출병전 잔치 장면

曹操 大宴을 排設ᄒ야 술 만이 걸으고 쩍 만이 치고 소 만이 잡고 돗 만이 잡고 기 잡고 닭 잡아서 護軍을 질근ᄒ고 連環ᄒ 싣 戰船을 大江中央 덩실 쩍.

— 신재효,《적벽가 성두본》

《적벽가》에 나오는 식재료는 소, 돗돼지, 닭, 기개 등이며 음식은 쩍떡과 술이다. 술과 떡을 장만하고 소, 돼지, 개, 닭을 잡아서 연회를 베풀었음을 알 수 있다. 전쟁 중 군사들의 사기를 진작시키기 위해 마련한 잔치 음식으로 가장 대표적인 것이 바로 술과 떡 그리고 고기다. 여기서 술, 떡, 고기는 단순히 음식으로의 의미가 아닌 잔치 음식을 상징하는, 다시 말해 흥을 돋울 수 있는 음식 대명사다.

술은 아주 오랜 옛날부터 인간의 희로애락과 함께해 왔으며 지금도 많은 사람의 기호음료로 사랑받고 있다. 술을 마시는 풍습도 민족에 따라, 시대에 따라 매우 다르다. 우리나라는 술잔을 서로 주고받는 수작酬酌 문화가 일반적인 주도酒道였다. 조선 후기의《해동잡록海東雜錄》에 보면 옛날 사람들은 풍류 결사나 시모임 그리고 계꾼들이 모여

오골계탕

서 우의를 다질 때 연종음連鍾飮을 했다고 나온다.▼ 아마도 전쟁을 앞둔 출정식에서는 바로 이 연종음을 했을 것이다. 연종음이란 널따란 연잎으로 잔을 만들어 술을 돌려 마시는 것을 말한다.

　　권력가들은 음식 분배하는 과정을 통해 사람들을 지배하려고 했다. 그들은 음식과 술을 하사해 군주의 은혜를 표현하기도 하며, 식례를 통하여 상하의 질서를 규제하기도 했다. 조선 후기에 쌀은 조세 대상이었으며, 소작농들은 고율의 소작료를 바치고 나면 남는 쌀이 별로 없었다. 쌀을 갖고 있더라도 이를 식량으로 이용하기보다는 값이 더 싼 잡곡이나 다른 물품을 구입하기 위한 화폐로써 이용했다. 이렇게 귀한 쌀로 만든 술과 떡 그리고 값비싼 고기 음식은 역시 당시 백성들이 쉽게 가질 수 없는 힘의 상징이었다. 조조는 출병 전에 군졸들의 사기를 진작시킬 요량으로 연회를 베푼다. 음식을 베풀어 충성과 복종을 약속받으려는 것이다.

▼　　조선 시대 학자인 권별이 저술한 인물사전식 문헌 설화집.

　돌이켜 보면 오랜 세월이었다. 처음 영양학이라는 학문에서 시작해 음식 문화 특히 한식 문화에 매료되어 한식을 붙들고 살아왔다. 그리고 드디어 《문학이 차린 밥상》이라는 책을 출판하게 되었다. 그러나 돌이켜 생각하면 다 예정된 길이었던 것 같다. 이 글은 36년이라는 길었던 대학에서 가르치는 삶의 종지부를 찍은 이후 나오는 첫 책이자 내게 주는 선물 같은 책이다.

　음식 문화를 공부하고 그동안 한식을 업으로 삼아 온 데는 문학 특히 소설의 힘이 컸다고 생각한다. 어린 시절 만화책부터 시작된 독서는 어른이 되어서도 이어졌고, 나는 소설 속에서 인생을 사람을 배웠다. 심지어 한식 문화까지도 소설을 통해 배웠다고 생각한다. 소설 속 음식을 통해서 한국인의 정체성인 혼魂, 미美, 향香, 한恨, 반反, 정情을 읽어 낼 수 있었으니 말이다. 그렇지만 여전히 부족한 결과물을 내놓는다. 사실 쉽고 감동적인 문학 속 음식을 이야기하고 싶었다. 그러나 그렇게 좋아했던 소설이지만 나의 필력으로는 죽어도 소설가는 될 수 없을 듯하다. 그래도 내 평생의 공부 주제인 한식으로나마 문학을 이야기할 수 있다는 것이 정말 기쁘다. 무엇보다 존경해 온 한국의 여성 문학인 박경리 선생님, 박완서 선생님, 최명희 선생님의 대하소설을 다룬 것은 내게는 축복이었다.

한식은 요즘 젊은 친구들에게 외면당하고 있고, 문학도 점차 사양의 길을 가고 있다고 생각한다. 그러나 고전이 영원하듯이 한식과 문학도 다시 사랑받을 것으로 확신한다. 오히려 다가오는 AI 시대에 인간의 존엄성을 지켜 주는 것이 문학과 음식이라고 믿는다. 특히 음식을 만들거나 사랑하는 모든 이들에게 이 책이 문학적 상상력을 제공하는 역할을 해 주기를 바란다.

참고문헌

단행본

- A. 반 겐넵 지음, 전경수 옮김,《통과의례》, 을유문화사, 1989.
- Jeremy MacClancy,《Consuming Culture, Chapmans》, 1992.
- 강인희 지음,《한국식생활사》, 삼영사, 1990.
- 강인희 지음,《한국의 맛》, 대한교과서 주식회사, 1990.
- 고석규 지음,《우리는 지난 100년 동안 어떻게 살았을까-문화, 그 말의 출처는》, 역사비평사, 2008.
- 국립문화재연구소 지음,《경상남도 세시풍속》, 2002.
- 국립문화재연구소 지음,《경상북도 세시풍속》, 2002.
- 국립민속박물관 지음,《한국세시풍속자료집성-조선후기 문집 편》, 민속원, 2005.
- 김병하 지음,《한국경영이념사》, 계명대학교출판부, 1994.
- 김유 지음, 윤숙경 편역,《수운잡방 주찬》, 신광출판사, 1998.
- 농촌진흥청 지음,《고농서 국역 총서 17: 감저경장설(甘藷耕藏說)》, 농촌진흥청, 2010.
- 농촌진흥청 지음,《구황방 고문헌집성 1: 조선의 구황방》, 휴먼컬처아리랑, 2015.
- 농촌진흥청 지음,《구황방 고문헌집성 2: 일제강점기의 구황방》, 휴먼컬처아리랑, 2015.

- 농촌진흥청 지음,《전통 향토 음식 용어 사전》, 교문사, 2010.

- 단국대학교 동양학연구소 지음,《개화기에서 일제 강점기까지 한국 문화 자료 총서: 음식 문화 관련 자료집》, 민속원, 2010.

- 로저키징 지음, 전경수 역,《현대문화인류학》, 현음사, 1984.

- 롤프 옌센 지음, 서정환 옮김,《드림 소사이어티》, 리드리드출판(한국능률협회), 2005.

- 민족문화추진회 지음,《신증동국여지승람(IV)》, 민문고, 1989.

- 박경리 지음,《토지》, 마로니에북스, 2012.

- 박대복 지음,《고소설과 민간신앙》, 계명문화사, 1995.

- 박완서 지음,《미망》, 세계사, 2012.

- 박일용 지음,《조선 시대의 애정소설》, 집문당, 1993.

- 방신영 지음,《조선요리제법》, 신문관, 1917.

- 백두현 지음,《조선 시대 여성의 문자생활연구》, 어문론총, 제45호, 2006.

- 백두현 지음,《한글조리서로 본 감향주법 비교연구》, 흔맛 흔얼 16호, 2011.

- 백성환 지음,《창본 춘향가》.

- 빙허각 이씨 지음, 정양완 편역,《규합총서》, 보진재, 1975.

- 서긍 지음, 조동원, 김대식, 이경록, 이상국, 홍기표 옮김,《고려도경》, 황소자리, 2005.

- 서유구 지음, 이효지, 조신호, 정낙원, 차경희 편역,《임원십육지: 정조지》, 교문사, 2007.

- 서유구 지음, 정정기 역,《임원경제지 정조지》, 풍석문화재단, 2020.

- 손정목 지음,《일제 강점기 도시화 과정 연구》, 일지사, 1996.

- 신용하 지음,《일제강점기 한국민족사(상)》, 서울대학교출판부, 2001.

- 신재효 지음,《남창 춘향가》.

- 신재효 지음,《심청가 읍내본》.

- 신재효 지음,《적벽가 성두본》.

- 신재효 지음,《퇴별가 읍내본》.

- 심정순, 곽창기 지음,《창본 수궁가》.

- 심훈 지음,《상록수》, 1935.

- 오영순 지음,《장흥보전》.

- 오카다 데쓰 지음, 정순분 옮김,《돈가스의 탄생》, 뿌리와이파리, 2006.

- 오쿠보 히로코 지음, 이언숙 옮김,《에도의 패스트푸드》, 청어람미디어, 2004.

- 요한 하위징아 지음, 김윤수 옮김,《호모 루덴스》, 까치, 2003.

- 유영대 지음,《판소리의 소설적 전개》, 집문당, 1993.

- 윤서석 지음,《한국음식(역사와 조리법)》, 수학사, 1992.

- 이상 지음,《H형에게》, 연도 미상.

- 이상 지음,《권태》, 1937.

- 이상 지음,《날개》, 1936.

- 이상 지음,《산촌여정》, 1935.

- 이상 지음,《어리석은 석반》, 1961.

- 이상 지음,《지팡이 역사》, 1934.

- 이상희 지음,《술: 한국의 술문화》 도서출판 선, 2009.

- 이석만 지음, 이성우 편저,《간편조선요리제법》, 수학사, 1992.

- 이선유 지음,《창본 심청가》.

- 이선유 지음,《창본 화용도》.

- 이성우 지음,《한국식품문화사》, 교문사, 1984.

- 이시필 지음, 백승호, 부유섭, 장유승 역주,《소문사설 조선의 실용지식 연구노트》, 휴머니스트, 2011.

- 이용기 지음, 이성우 편저,《조선무쌍신식요리제법》, 수학사, 1992.

- 이춘녕 지음,《이조농업기술사》, 한국연구원, 1964.

- 이태원 지음,《현산어보를 찾아서》, 청어람미디어, 2003.

- 임형택 지음,《박홍보전》.

- 장자백 지음,《창본 춘향가》.

- 전순의 지음, 김종덕 옮김,《식료찬요》, 예스민, 2006.

- 정혜경 지음,《천년한식견문록》, 생각의 나무, 2009.

- 진주문화원 지음,《진주의 역사와 문화: 역사와 전통이 살아 숨 쉬는 고장-진주》, 진주문화원, 2001.

- 최명희 지음,《혼불》, 매안 출판사, 2009.

- 한복진 지음,《우리 음식 백가지 1》, 현암사, 2005.

- 한식재단 지음,《근대 한식의 풍경》, 한림출판사, 2014.

- 허균 지음, 이성우 편저,《도문대작(屠門大嚼)》, 수학사, 1992.

• 홍만선 지음, 이성우 편저,《산림경제(山林經濟)》수학사, 1992.

• 홍석모 지음, 이석호 주석,《조선세시기-동국세시기 편》, 동문선, 1991.

논문 및 보고서

• Hwang, G. I.(2001). A Specialized stratagem for autonomous community. 地方行政, 50(578), 91-95.

• Kim, J. Y. (2004). A Study on the Spatial Experience and Representation of the Japan-Studied Students in Modern Times. Korean J. The Korean Language and terature, 32, 241-272.

• Kim, K. T., Kim, S. S., Lee, S. H., & Kim, D. M. (2003). The functionality of barley leaves and its application on functional foods. Food Science and Industry, 36(1), 45-49.

• Kim, M., Jones, A. D., & Chung, T. Y. (1996). Antioxidative activity of phenolic acids isolated from Jindalrae flower (Rhododendron mucronulatum Turzaninow). Applied Biological Chemistry, 39(6), 506-511.

• Kim, T. K. (2010). The social and cultural conditions and the movements of establishing Middle school in LongJing in 1920's. Korean J. The Historical Association of Soong Sil, 25, 183-206.

• Lee, S. J.(2005). History of Jinju Area under the Japanese Colonial Rule, Park Kyong-ni's Toji. Korean J. The Learned Society of Korean Modern Literature, 27, 95-131.

• Shin, B. B.(2010). Fishery's Situations of Busan, Gyeong-Nam in The Chronicle of Korean Fisheries - Compared with Booklet of Gyeongsangnam Province's Situations (慶尙南道道勢要寶). Korea Council of Humanities & Social Research Institute, 11(2), 55-83.

• Yoon, S. K.(2001). The 3'rd part of Korean general food survey - The table-setting of funeral rites and ancestral ritual fomalities. Korea Cultural Heritage Foundation. Seoul. 212.

• 강명관(2002). 조선후기 한시와 회화의 교섭-풍속화와 기속시를 중심으로. 한국한문학 연구, 30(0), 299.

• 고경희(2003). 조선 시대 한국풍속화에 나타난 식생활문화에 관한 연구. 한국식생활문화학회지, 18(3), 211-225.

• 김광억(1994). 음식의 생산과 문화의 소비: 총론. 한국문화인류학, 26(1), 7-50.

• 김명순(1994). 조선 후기 서울의 풍속 세태를 다룬 기속시 연구. 동방한문학. 동방한문학회, 10, 149-150.

• 김명순(1997). 홍석모의 도하세시기속시 연구. 대동한문학회. 대동한문학9(0), 240-242.

• 김명순(1998). 조수삼의 기속시 연구. 동방한문학회. 동방한문학 14(0), 210-212.

• 김명순(2005). 조선후기 한시의 민풍수용연구. 보고사. 서울. 15-23.

- 김미혜, 정혜경(2007). 조선후기 문학에 나타난 음식문화 특성. 한국식생활문화학회지, 22(4), 393-403.

- 김희선(1987). 조선후기 사회경제적 변동이 식생활에 미친 영향. 석사학위논문. 이화여자대학교. 54-56.

- 박여성(2003). 융합기호학(Synchretische Semiotik)의 프로그램으로서의 음식기호학. 기호학연구, 4(0), 136-139.

- 오세영, 이현(2004). 한국인이 공동체의식과 식문화에 대한 소고. 한국식생활문화학회지, 19(5), 556-565.

- 윤서석(1995). 한국의 자연과 식생활. 한국식생활문화학회지, 10(3), 208.

- 이성우(1982). 조선 시대 조리서의 분석적 연구. 한국정신문화연구원.

- 임양순(1986). 우리나라 절식에 관한 연구. 한국식생활문화학회지, 1(4), 361-370.

- 장영숙(1989). 조선 시대 식기에 관한 연구. 석사학위논문. 이화여자대학교. 10.

- 정혜경, 김미혜(2013). 담양 관련 음식고문헌을 통한 장수음식 콘텐츠 개발. 한국식생활문화학회지, 28(3).

- 정혜경(2013). 음식디미방과 규합총서 와의 비교를 통한 주식시의 속 조리법 고찰. 한국식생활문화학회지, 28(3).

- 정혜경(2015). 한국 음식 문화의 의미와 표상. 아시아리뷰, 5(1), 97-121.

- 정혜경, 우나리야, 김미혜(2010). 소설 혼불 속 전통 음식의 이해. 한국식생활문화학회지, 25(4).

- 정혜경, 윤경수, 김미혜(2015). 수운잡방과 음식디미방에 나타난 조리법 비교. 한국식생활문화학회지, 30(1).

- 정혜경, 이정혜(1996). 《서울의 음식 문화-영양학과 인류학의 만남》. 서울학 교양총서 5, 48.

- 조흥윤(1998). 한국 음식 문화의 형성과 특징. 한국식생활문화학회지, 13(1), 4-5.

- 조희제(1987). 산미 증산 계획에 있어서 한국의 농촌 경제 구조: 식민지 지주경영과 농업금융과의 관계를 중심으로. 석사학위. 연세대학교. 3-50.

- 최상진, 유승엽(1994). 한국인과 일본인의 '情'에 관한 심리학적 비교 분석. 인문학 연구, 21(0), 139-144.

- 하은아(2004). 한국 근대적 문물 변천과정의 통시적·공시적 분석을 통한 디자인 발전과정의 해석-식생활관련 제품을 중심으로-. 석사학위 논문. 서울대학교.

- 홍순권(1987). 한말시기 개성지방 삼포농업의 전개 양상 (上)-1896년《삼포적간성책 (蔘圃摘奸成册)》의 분석을 중심으로. 한국학보, 13(4), 4033-4067.

문학이 차린 밥상

초판 1쇄 발행 2024년 6월 12일
초판 2쇄 발행 2024년 7월 29일

글 정혜경
일러스트 yummy_painting
발행인 채종준

출판총괄 박능원
책임편집 유나영
디자인 김예리
마케팅 전예리 · 조희진 · 안영은
전자책 정담자리
국제업무 채보라

브랜드 드루
주소 경기도 파주시 회동길 230(문발동)
투고문의 ksibook13@kstudy.com

발행처 한국학술정보(주)
출판신고 2003년 9월 25일 제406-2003-000012호
인쇄 북토리

ISBN 979-11-7217-336-4 03380

드루는 한국학술정보(주)의 지식·교양도서 출판 브랜드입니다.
세상의 모든 지식을 두루두루 모아 독자에게 내보인다는 뜻을 담았습니다.
지적인 호기심을 해결하고 생각에 깊이를 더할 수 있도록, 보다 가치 있는 책을 만들고자 합니다.